SAMMLUNG GÖSCHEN BAND 1157

GRUNDRISS DER ALLGEMEINEN MIKROBIOLOGIE

von

PROF. DR. phil. habil. WILHELM SCHWARTZ

und

DR. rer. nat. ADELHEID SCHWARTZ

Institut für Mikrobiologie
der Ernst-Moritz-Arndt-Universität Greifswald

II. Teil

2., verbesserte und ergänzte Auflage

Mit 29 Abbildungen

WALTER DE GRUYTER & CO.

vormals G. J. Göschen'sche Verlagshandlung · J. Guttentag,
Verlagsbuchhandlung · Georg Reimer · Karl J. Trübner · Veit & Comp.

BERLIN 1961

Inhaltsverzeichnis

C. Physiologie der Entwicklung

D. Physiologie der Bewegung

E. Ökologie

Aus dem Inhalt des ersten Bandes:

A. Morphologie und Systematik:

I. Eubakterien – II. Actinomyceten, Chlamydobakterien, Myxobakterien – III. Spirochaeten – IV. Schleimpilze (Myxomyceten und Acrasieen) – V. Pilze – VI. Cyanophyceen und Chlorophyceen – VII. Protozoen – VIII. Überblick über die Taxonomie der Bakterien, Cyanophyceen, Schleimpilze, Pilze und Protozoen.

B. Physiologie der Ernährung und des Stoffwechsels:

I. Physik und Chemie der Zelle – II. Mährstoffe und Energiequellen – III. Stoffwechsel.

Häufig benutzte Abkürzungen

ADP, ATP	=	Adenosindiphosphat, Adenosintriphosphat
Asp.	=	Aspergillus
Bac.	=	Bacillus
Bact., ... bact.	=	Bacterium, auch in Zusammensetzungen wie Lactobact.
Clostr.	=	Clostridium
CoA	=	Co-Enzym A
DNS	=	Desoxyribonucleinsäure
DPN	=	Diphosphopyridin-Nucleotid (= Cozymase, Co-dehydrogenase I)
Esch.	=	Escherichia
Microc.	=	Micrococcus
PAB	=	p-Aminobenzoësäure
Pen.	=	Penicillium
Ps.	=	Pseudomonas
RNS	=	Ribonucleinsäure
Sacch.	=	Saccharomyces
Staph.	=	Staphylococcus
Streptoc.	=	Streptococcus
Streptom.	=	Streptomyces

C. Phychologie der Entwicklung

I. Wachstum und Wachstumsmessung

Wachstum ist jede bleibende Vergrößerung des Organismus oder seiner Teile. Bei einzelligen Mikroben ist das, was wir als Wachstum beobachten, eine Verbindung von Vorgängen des Zellwachstums und der Zellvermehrung durch Sprossung oder Teilung. In den Geweben höherer Pflanzen lassen sich die Wachstumsvorgänge in drei Stufen gliedern: das mit der Zellteilung in den embryonalen Geweben verbundene Plasmawachstum, das Streckungswachstum der Zellen und das Differenzierungswachstum beim allmählichen Übergang. der Zellen in den Dauerzustand Bei den Metazoen fehlt ein dem Streckungswachstum vergleichbarer Vorgang. Auch bei den Einzellern unter den Mikroben findet sich ein Streckungswachstum höchstens andeutungsweise. Dagegen lassen sich z. B. im Mycel eines Pilzes Zonen des embryonalen Wachstums an den Hyphenspitzen und des Streckungswachstums an älteren Teilen des Mycels unterscheiden. Streckungswachstum beobachten wir z. B. an den Stielen der Fruchtkörper höherer Pilze (Abb. 1). In diesen Fällen erreicht auch die Wachstumsgeschwindigkeit ihre höchsten be-

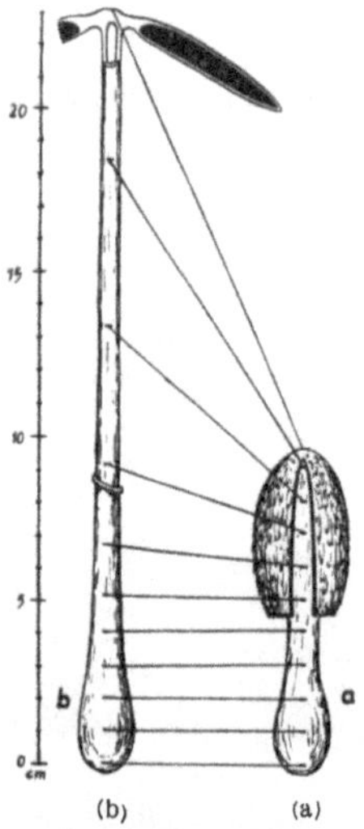

Abb. 1. *Coprinus sterquilinus*. Streckungswachstum des Fruchtkörperstieles (nach BULLER). Streckungszone im oberen Teil des Stieles. Bei (a) ist der junge noch nicht entfaltete Hut aufgeschlitzt; am Stiel sind Tuschemarken angebracht. Zwischen (a) und (b) liegt ein Intervall von 18 Std. 15 Min. Gleiche Tuschemarken sind durch Linien verbunden.

kannt gewordenen Werte. Bei den Fruchtkörpern von *Dictyophora* (Gastromyceten) sind Längenzunahmen von 5 mm je Minute gemessen worden.

Zur Messung des Wachstums stehen uns verschiedene Methoden zur Verfügung. Wir können die Zunahme des Durchmessers einer Kolonie verfolgen oder die bewachsene Fläche mit dem Planimeter ausmessen oder das Längenwachstum, z. B. eines Sporangienträgers, mit dem Horizontalmikroskop oder kinematographisch verfolgen. Ein anderer Weg führt über die Erfassung der gebildeten Trockensubstanz durch Wägung („Erntegewicht"), vor allem bei Kulturen, die sich in flüssigen Medien entwickeln. Durch Filtration werden z. B. Pilzdecken, Hefezellen, Bakterien, Algen, Protozoen von der Nährlösung abgetrennt, bis zur Gewichtskonstanz getrocknet und gewogen.

Bei Bakterien wird häufig das Verdünnungsverfahren angewandt, wobei nach entsprechender, meist stufenweiser Verdünnung der keimhaltigen Nährlösung Aussaat eines kleinen Teiles (z. B. eines ccm) der letzten Verdünnungsstufe in eine Petrischale unter Zugabe eines zuvor verflüssigten Agar- oder Gelatine-Nährbodens erfolgt.

Die sich entwickelnden Kolonien werden ausgezählt und gleich der Zahl der in der ausgesäten Flüssigkeitsmenge vorhandenen Keime gesetzt in der Annahme, daß jede lebende Zelle anwächst und daß jede Kolonie aus einer einzigen Zelle hervorgegangen ist. Der Gehalt der Ausgangskultur an lebenden Zellen läßt sich alsdann berechnen. Auf entsprechende Weise läßt sich der Keimgehalt z. B. einer Bodenprobe, unter Verwendung flüssiger Medien durch eine Titermethode ermitteln, bei der die höchste, noch Wachstum zeigende Verdünnungsstufe festgestellt wird. Man kann bei Einzellern, wenn sie nicht zu klein sind, auch unter Verwendung einer Zählkammer die Zahl der in einem bestimmten Flüssigkeitsvolumen enthaltenen Zellen ermitteln. Auch das Volumen der in einer Nährlösung entstandenen Zellen läßt sich mit Hilfe einer Zentrifuge als Maßstab heranziehen, oder der Trübungsgrad der Nährlösung durch suspendierte Zellen. Gelegentlich wird eine mit dem Wachstum verbundene Lebensäußerung, etwa die CO_2-Ausscheidung bei der Atmung oder bei der alkoholischen Gärung benutzt, um die Entwicklung einer Kultur zu verfolgen.

Wenn das Wachstum wie in Kulturen von Einzellern gleichbedeutend mit Zellvermehrung ist, kann man als Maßstab die Generationsdauer verwenden. Wir verstehen darunter die Zeit, die von der Einleitung eines Teilungs- oder Sprossungsvorganges bis zum Einsetzen des nächsten Vermehrungsvorganges verstreicht. Sie umfaßt also den eigentlichen Vermehrungsvorgang und das Heranwachsen der neu entstandenen Zelle. Bei Bakterien beträgt die Generationsdauer unter günstigen Bedingungen etwa 30 bis 40 Minuten, sie sinkt bei besonders schnellwüchsigen Keimen, z. B. aus der *coli*-Gruppe, auf etwa 20 Minuten, während sie z. B. bei dem langsam wachsenden *Rhizobium leguminosarum* etwa 100 Minuten und bei *Mycobact. tuberculosis* mehrere Stunden beträgt. Auch bei Kulturhefen erreicht die Generationsdauer meist mehrere Stunden. Bei *Tetrahymena pyriformis* beträgt sie 2—3 Stunden, bei *Paramaecium aurelia* 8-12 Stunden. Einzellige Algen, wie Chlorellen, *Scenedesmus*, ferner der grüne Flagellat *Chlamydomonas reinhardi* brauchen 7—9 Stunden. Bei Diatomeen und Desmidiaceen sind 12—48 Stunden beobachtet worden. Durchweg sind die Kulturbedingungen von erheblichem Einfluß auf die Generationsdauer. Je mehr einzelne Faktoren vom Optimum abweichen, desto länger wird die Generationsdauer. Ermittelt man nach einer dieser Methoden den Verlauf des Wachstums, so ergibt sich bei graphischer Darstellung übereinstimmend das Bild der Wachstumskurve nach ROBERTSON. Verwendet man als Maßstab des

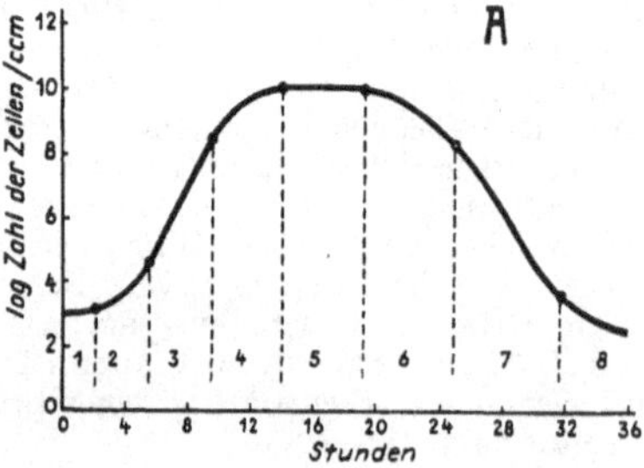

Abb. 2. Wachstumskurven.
A. Verlauf der Wachstumskurve, 1/2: lag-Phase, 3: logarithmische Phase, 4: Phase des abnehmenden Wachstums, 5: zweite stationäre Phase, 6: Phase des zunehmenden Absterbens, 7: logarithmische Absterbe-Phase, 8: Phase des abnehmenden Absterbens.

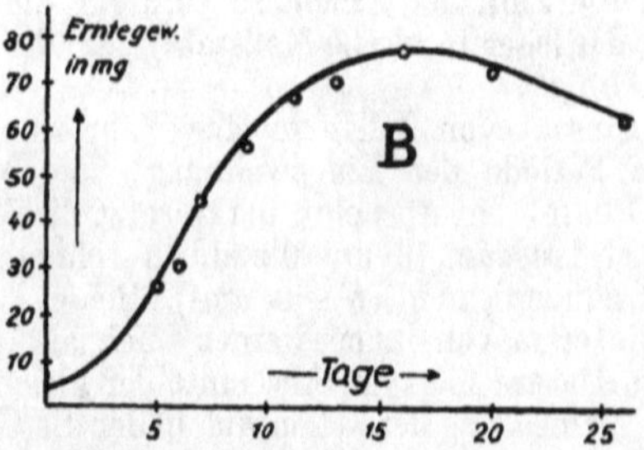

B. Verlauf des Wachstums einer Kultur von *Asp. niger* in Nährlösung (nach SCHWARTZ und STEINHART).

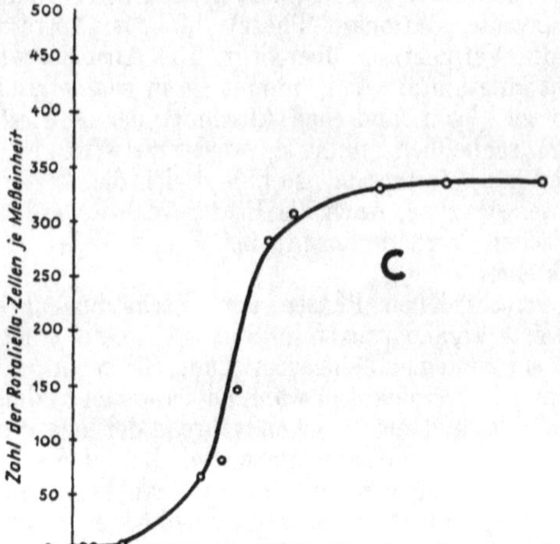

C. Vermehrung von *Rotaliella heterocaryotica* (Foraminifera) in einer Kultur mit *Chlamydomonas*-Zellen als Nahrung (nach BRADSHAW).

Wachstums die Zahl der Zellen, so wird für die graphische Darstellung der logarithmische Maßstab[1]) (log. der Zellenzahl) verwandt (Abb. 2).

Auf die Einsaat von Zellen in eine Nährlösung folgt zunächst eine Periode der Eingewöhnung ohne Vermehrung (stationäre Phase). Im Anschluß daran setzt die Vermehrung ein, zunächst langsam, dann allmählich schneller werdend (Phase des zunehmenden Wachstums). Beide Phasen oder auch nur die erste von ihnen werden auch als „lag-Phase" bezeichnet[2]). Darauf folgt ein Abschnitt der gleichbleibenden maximalen Vermehrung der Zellenzahl, in der die Generationsdauer den kürzesten Wert erreicht und die Wachstumskurve eine gerade Linie ist (logarithmische oder exponentiale Phase). Im weiteren Verlauf nimmt die Generationsdauer langsam wieder zu (Phase des abnehmenden Wachstums). Während des nächsten Zeitabschnittes verändert sich die Zahl der lebenden Zellen nicht, weil sich Neubildung und Absterben die Waage halten (zweite stationäre Phase), bis das Absterben von Zellen die Vermehrung überwiegt. Die Absterberate steigt zunächst langsam an, dann nimmt sie in geometrischer Progression zu (logarithmischer Abschnitt der Absterbekurve, vgl. S. 8), schließlich nimmt sie wieder ab. Wird der Versuch genügend lange fortgesetzt, so nähert sich die Absterbekurve wieder der Abszisse. Auch die Erntegewichte werden infolge autolytischer Veränderungen der Zellen beim Absterben wieder kleiner.

Den verschiedenen Phasen der Wachstumskurve liegen komplizierte Veränderungen im Stoffwechsel der eingeimpften und neu entstandenen Zellen zu Grunde. Sie bewirken, daß die Zellen einer Bakterienkultur während der ersten beiden Phasen größer werden und später, schon während der logarithmischen Phase, wieder an Größe abnehmen. Der allmähliche Rückgang der Zellvermehrung wird mit einer Vielzahl von Faktoren in Verbindung gebracht. Diese Faktoren hängen sämtlich mit

---

[1]) Dekadische Logarithmen oder, was mit Rücksicht auf die Zweiteilung der Zellen vorgeschlagen worden ist, Logarithmen mit der Basis 2; jede Einheit auf der Ordinate entspricht dann einer Verdoppelung der Zellenzahl.

[2]) Phase des „zögernden Wachstums".

der hohen Zellenzahl je Volumeneinheit zusammen, die gegen das Ende der logarithmischen Phase erreicht wird und eine Verschlechterung der Lebensbedingungen bewirkt, z. B. Sauerstoffmangel bei Aerobiern, einsetzender Mangel an Nährstoffen, Anhäufung schädlicher Stoffwechselprodukte.

II. Faktoren des Wachstums

Wie der Ablauf von Vorgängen des Stoffwechsels sind auch Wachstum und Vermehrung an die Einhaltung bestimmter chemischer und physikalischer Bedingungen gebunden, die sich qualitativ und quantitativ auswirken.

Art und Menge der Nährstoffe, osmotischer Druck, Reaktion und Redoxpotential des Nährsubstrates, Wirkstoffe und Gifte, Temperatur, Luftzutritt zur wachsenden Kultur, relative Feuchtigkeit der umgebenden Luft, Licht, Schwerkraft, ja sogar die Wetterlage erweisen sich je nach den Umständen als wirksame Faktoren.

Kardinalpunkte. Wenn man derartige Faktoren in mengenmäßiger Abstufung bei im übrigen gleichbleibenden Bedingungen auf den wachsenden Organismus wirken läßt, so

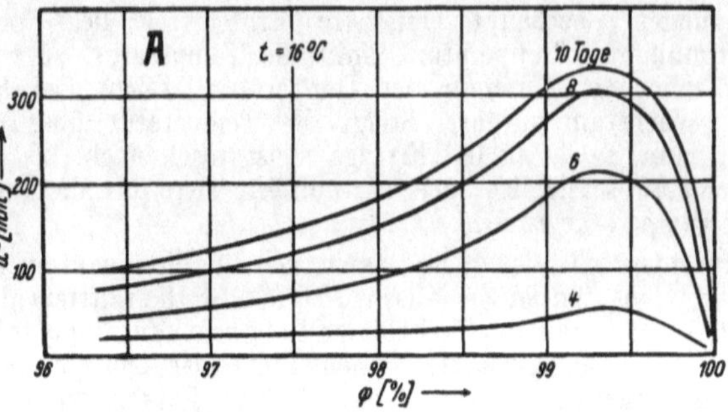

Abb. 3. Kardinalpunkte des Wachstums.
A. Flächenwachstum von *Pen. flavo-glaucum* nach 4, 6, 8 und 10 Tagen bei verschiedenen Luftfeuchtigkeiten. Abszisse: relative Dampfspannung (φ) in %. Ordinate: Fläche der Pilzkolonie in mm², berechnet aus dem mittleren Durchmesser der Kolonie (nach KAESS und SCHWARTZ).

ergeben sich Beziehungen von allgemeiner Gültigkeit (Abb. 3). Prüfen wir z. B. den Einfluß der Temperatur auf das Mycelwachstum eines Pilzes, indem wir die bei den einzelnen Temperaturen erzielbaren Höchsternten als Maßstab verwenden, so zeigt der Kurvenverlauf in Abhängigkeit von der Temperatur drei charakteristische Punkte, die wir als Kardi-

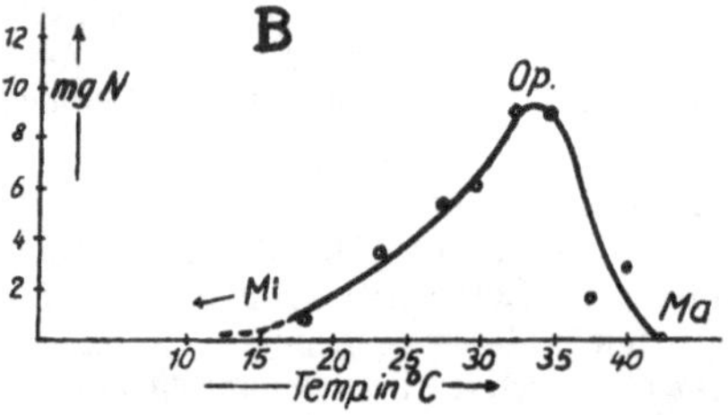

Abb. 3
B. Verlauf der Stickstoffbindung durch *Azotobacter* bei verschiedenen Temperaturen, Abszisse: Temperatur; Ordinate: gebundener Stickstoff in mg (nach GREENE aus RIPPEL-BALDES).

nalpunkte bezeichnen. Der höchste unter den gegebenen Bedingungen überhaupt erzielbare Ernteertrag liegt beim Optimum der Temperatur. Sinkt die Temperatur, so wird schließlich das Minimum der Temperatur erreicht, bei dem das Wachstum aufhört. Steigt die Temperatur über das Optimum, so lassen die Erträge meist rasch nach, bis das Wachstum schließlich auch hier aufhört, wenn das Maximum der Temperatur erreicht ist.

In entsprechender Weise lassen sich für die Reaktion des Nährbodens, für den osmotischen Druck, für die Luftfeuchtigkeit, für den Sauerstoffgehalt der Luft usw. Kardinalpunkte für die Abhängigkeit des Wachstums oder eines anderen Lebensvorganges von dem betreffenden Faktor ermitteln. Für Keimung und vegetatives Wachstum sind die Bereiche im allgemeinen am weitesten; sie werden enger, wenn wir die Bildung von Fortpflanzungszellen prüfen. Die Lage des Optimums ändert sich, wenn verschiedene Lebensanforderungen des gleichen Organismus miteinander verglichen werden. Für *Streptoc. lactis* gelten z. B. nach DORN und RAHN bei sonst gleichen Bedingungen folgende Temperatur-Optima:

für schnellstes Wachstum	34° C
Erreichen der größten Zellenzahl je Volumeneinheit in der Kultur	25—30° C
schnellster Gärungsverlauf.............	40° C
maximale Säurebildung	30° C

1. Art und Menge der Nährstoffe

Gesetz vom Minimum. Es ist einleuchtend, daß durch die Zusammensetzung des Nährbodens das Wachstum beeinflußt wird. Sind nicht alle lebensnotwendigen Stoffe in ausreichender Menge vorhanden, so wird das Maß des Wachstums nach einem von LIEBIG bei höheren Pflanzen aufgestellten und von MITSCHERLICH weiter entwickelten Gesetz, das auch für Mikroben gilt, durch den Stoff bestimmt, der in einem absoluten oder relativen Minimum vorhanden ist. Dabei zeigt sich, daß der Konzentrationsbereich bis zur Erreichung des Optimums bei den einzelnen Stoffen verschieden ist und außerdem durch die Menge der übrigen zur Verfügung stehenden Nährstoffe verändert werden kann.

Tab. 1. pH-Bereiche des Wachstums bei verschiedenen Mikroorganismen

Spezies	pH-Bereich	Spezies	pH-Bereich
Thiobact. thiooxidans	1—6	*Fusarium oxysporum*	1.8—11.1
Streptoc. faecalis	4.8—11	*Pen. italicum*	1.9—9.3
Neisseria gonorrhoeae	5.8—8.3	*Asp. niger*	2.8—8.8
Corynebact. diphtheriae	6—8.3	*Melanospora destruens*	4.8—7.6
Vibrio cholerae	6.4—9.6		
Diploc. pneumoniae	7—8.3		

2. Reaktion und Redoxpotential des Nährsubstrates

Als physiologisch wirksam hat sich vor allem die Reaktion des Substrates, gemessen als pH-Zahl, erwiesen. Im allgemeinen wachsen Pilze am besten bei neutraler bis schwach saurer Reaktion, der pH-Bereich erstreckt sich jedoch meist weit bis in den sauren Bereich (Tab. 1). Bakterien, Actinomyceten, Algen, Protozoen bevorzugen meist neutrale oder schwach alkalische Reaktion. Von dieser Regel gibt es Ausnahmen. Bemerkenswert ist das Verhalten der Gattung *Thiobacterium*, von der einzelne Arten, z. B. *Thiobact. thiooxidans*, nur bei saurer Reaktion, etwa von pH 6 abwärts, wachsen und den pH-Wert der Nährlösung durch Oxydation von Schwefel oder Schwefelverbindungen zu H_2SO_4 auf etwa 1 senken (vgl. S. 98, Teil I).

Den einzelnen Arten von Mikroorganismen sind engere oder weitere pH-Bereiche zugänglich (Tab. 1), deren Grenzen sich je nach den sonstigen Lebensbedingungen etwas verschieben können. Zahlreiche Mikroben verändern durch ihren Stoffwechsel die ursprüngliche Reaktion des Nährbodens, indem sie z. B. Säure aus Kohlenhydraten bilden oder bei Verarbeitung von Ammoniumsalzen und Nitraten das Nährsubstrat ansäuern oder alkalisch machen. Unerwünschten pH-Änderungen kann durch Pufferung des Nährmediums, z. B. mit primären und sekundären Alkaliphosphaten, oder durch Zugabe von $CaCO_3$ zu säurebildenden Kulturen vorgebeugt werden.

Ein weiterer wichtiger Faktor ist das Redoxpotential (Eh) des Substrates, das in mV gemessen oder, weniger genau, kolorimetrisch bestimmt wird. Mit steigendem Eh nimmt das Oxydationsvermögen eines Mediums zu, mit sinkendem Eh das Reduktionsvermögen; bei positiven mV-Werten herrschen oxydierende, bei negativen reduzierende Eigenschaften. Wie die H-Ionenkonzentration kann auch das Eh des Mediums durch die Lebenstätigkeit der Mikroorganismen verändert und reguliert werden. Durch Zugabe kräftig reduzierender Verbindungen (Ascorbinsäure, Cystein) lassen sich Anaerobier unter Luftzutritt, d. h. unter aeroben Bedingungen kultivieren.

3. Nährstoffe und Gifte

Zwischen beiden besteht kein grundsätzlicher Unterschied insofern, als es oft nur eine Frage der Konzentration ist, ob unentbehrliche Nährstoffe und Katalysatoren (Spurenelemente) wie Cu, Zn als solche wirken oder bei zu hoher Konzentration das Wachstum oder einen einzelnen Stoffwechselprozeß hemmen oder den Organismus schließlich abtöten. Während bei den eigentlichen Nährstoffen die umgesetzten Mengen verhältnismäßig groß und die Grenzen, in denen sie Wachstum ermöglichen, weit sind — bei dem Nährstoff Saccharose liegen sie z. B. für viele Pilze zwischen Werten nur wenig oberhalb Null und Zuckergehalten von mehr als 50% — ist bei den Wirkstoffen und Spurenelementen die absolute Menge äußerst gering und der wirksame Bereich oft eng. Prüfen wir hier den Einfluß auf das Wachstum, so zeigt sich, daß schon geringfügige Konzentrationsänderungen von stärkster Wirkung sein können. Bei Überschreiten des wirksamen Konzentrationsbereiches bleibt entweder jede wahrnehmbare Wirkung aus, wie bei vielen Wirkstoffen, oder es setzt die schädigende Wirkung ein. Ein Beispiel für den oft engen optimalen Wirkungsbereich ist die Abhängigkeit der Toxinproduktion bei *Corynebact. diphtheriae* vom Fe-Gehalt des Mediums. Das Optimum liegt bei 2×10^{-6} M; nach beiden Seiten, bei niedrigeren oder höheren Fe-Gehalten, fällt die Toxinproduktion steil ab. Für das Wachstum sind die Grenzen dagegen weiter.

Gift und Giftwirkung. Man spricht von bakteriostatischen Wirkungen, wenn nur die Vermehrung der Bakterien gehemmt wird, von baktericiden, wenn die Bakterien abgetötet werden; entsprechend werden die Bezeichnungen fungistatisch und fungicid verwandt, wenn es sich um Pilze handelt. Unter Sterilisation ist die Abtötung sämtlicher Mikrobenzellen einschließlich der widerstandsfähigen Sporen und Cysten zu verstehen. Der Ausdruck Desinfektion wird im gleichen Sinn gebraucht. Asepsis bedeutet die Wahrung der Keimfreiheit bei chirurgischen Eingriffen, Injektionen usw. Antisepsis ist die Verhinderung der Infektion, z. B. von Wunden, durch chemische Mittel (Antiseptika), von denen Mikroorganismen im Wachstum gehemmt werden, jedoch sind die Grenzen zwischen Antisepsis und Desinfektion ebensowenig scharf wie die Abgrenzung der beiden Begriffe voneinander.

Das Absterben der Einzeller nach Zugabe von Gift zum Medium oder unter der Einwirkung anderer schädigender Agentien (UV, Hitze) ist mit Rücksicht auf die große praktische Bedeutung besonders bei Bakterien untersucht worden. Es kann durch Ermittlung der Überlebenden quantitativ erfaßt und kurvenmäßig dargestellt werden. Dabei hat sich herausgestellt, daß die Zellen nicht gleichzeitig, sondern in einer bestimmten zeitlichen Folge absterben, wenn nicht grade besonders hohe Giftkonzentrationen auf niedrige Keimzahlen einwirken. Je höher der Keimgehalt bei Beginn eines Versuches ist, desto mehr Zeit verstreicht bei sonst gleichen Versuchsbedingungen, bis sämtliche Zellen abgetötet worden sind. Es liegt eine Absterbeordnung vor, über deren Deutung die Meinungen noch immer auseinandergehen. Wird die Zahl der überlebenden Zellen in Abhängigkeit von der Zeit dargestellt, in der das schädigende Agens einwirkt, so erhält man je nach Giftkonzentration, Zellenzahl in der Volumeneinheit, Versuchsdauer usw., Kurven von mehr oder

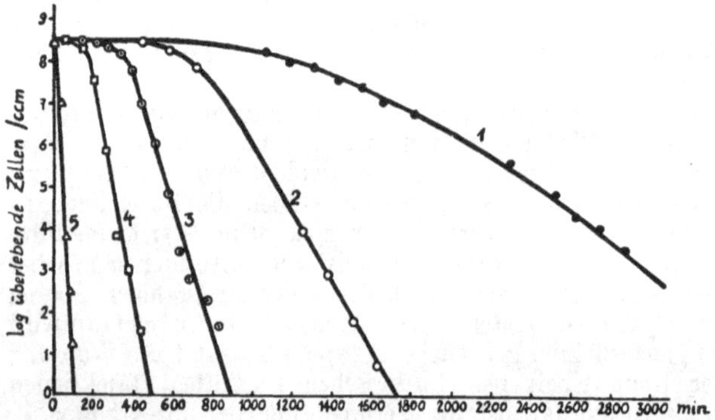

Abb. 4. *Esch. coli.* Kurve der überlebenden Zellen nach Einwirkung verschiedener Phenolkonzentrationen („Absterbekurve"; nur die ersten Abschnitte der Kurve sind erfaßt).
Abszisse: Einwirkungsdauer der Phenollösung in Minuten.
Ordinate: log der überlebenden Zellen je ccm.
Phenolkonzentration: (1) 3,48 g/L; (2) 3,76 g/L; (3) 4.25 g/L; (4) 4.62 g/L; (5) 6,04 g/L (nach JORDAN und JACOBS).

weniger deutlich S-förmigem Verlauf. Sie gleichen im ganzen der Umkehr einer Wachstumskurve (vgl. S. 8). Der Hauptteil der Absterbekurve entspricht einer Exponentialgleichung und ergibt für die Zahl der Überlebenden eine gerade Linie (logarithmische Absterbeordnung) (Abb. 4). Das letztere hat dazu geführt, Absterben und Überleben mit den Gesetzen einer monomolekularen Reaktion zu vergleichen. Der Tod der Zelle tritt ohne Beziehung zur Einwirkungszeit des schädigenden Agens dann ein, wenn durch Zufall ein lebenswichtiges Steuerzentrum der Zelle getroffen wird, etwa in der Weise, daß ein Gen letal mutiert (Treffertheorie, vgl. S. 36). Von anderen Forschern wird die Ansicht vertreten, daß in der Absterbeordnung die verschiedene Resistenz der Zellen zum Ausdruck kommt, die selbst dann in einer Kultur vorhanden ist, wenn mit einem Klon, d. h. mit den Nachkommen einer einzigen Zelle, gearbeitet wird. Die Giftwirkung wird von zahlreichen Faktoren beeinflußt, z. B. von der Zusammensetzung des Mediums, besonders von der Anwesenheit hochmolekularer Verbindungen, die als „Schutzkolloide“ wirken können, von der Höhe des Keimgehaltes im Medium, vom Alter der Zellen. Vegetative Zellen sind empfindlicher als Dauerzellen, wie Cysten der Protozoen oder Endosporen der Bakterien.

Die Hemmung oder Abtötung von Mikroorganismen durch Gifte hat große Bedeutung für Hygiene, Medizin und Technik. Zahlreiche chemische Präparate dienen der Desinfektion und Antisepsis. Chemotherapeutisch wirksame Verbindungen, deren Giftigkeit für den Menschen relativ gering sein muß, werden bei Infektionskrankheiten zur Bekämpfung pathogener Mikroorganismen verwandt. Trinkwasser muß in vielen Fällen entkeimt werden. Bauholz wird durch eine Vorbehandlung mit fungiciden Substanzen so weit wie möglich vor dem Angriff holzzerstörender Pilze geschützt. In der Lebensmittelindustrie wird in einzelnen, gesetzlich geregelten Fällen die Haltbarkeit von Lebensmitteln durch chemische Zusätze (Borsäure, Salicylsäure, Hexamethylentetramin usw.) verlängert.

Die Wirkungsweise der Gifte ist äußerst verschieden und in vielen Fällen erst ungenügend bekannt. Physikochemische Veränderungen der Plasmakolloide, chemische Reaktionen mit lebenswichtigen Zellbestandteilen – prostethischen Gruppen von Enzymen oder Verbindungen des intermediären Stoffwechsels –, können der Giftwirkung zugrunde liegen. Säuren und Akalien wirken über die Erhöhung der H- und OH-Ionenkonzentration; je nach seiner chemischen Natur kann das Anion oder Kation oder das nicht-dissoziierte Molekül an der Giftwirkung beteiligt sein. Reduzierende Verbindungen wie Sulfite, Formaldehyd haben starke Giftwirkung ebenso wie Oxydationsmittel, unter ihnen z. B. Permanganat, Perchlorat, Peroxyde und vor allem Chlor und Chlor-abspaltende Verbindungen (Chlorkalk, Chloramin), ohne daß der Angriffspunkt in der Zelle im einzelnen bekannt ist. Chlor und Chlor-abspaltende Präparate werden zur Entkeimung von Trinkwasser verwandt, wobei HClO als O_2-liefernder Bestandteil auftritt:

$$Cl_2 + H_2O = HCl + HClO$$
$$2\,HClO = 2\,HCl + 2\,O$$

$$2\,CaCl(OCl) + 2\,CO_2 + 2\,H_2O = CaCl_2 + Ca(HCO_3)_2 + 2\,HClO$$
$$2\,HClO = 2\,HCl + 2\,O.$$

Bei Alkoholen hängt die Giftwirkung von der Länge der C-Kette ab, sie ist am stärksten bei den Amylalkoholen (C_5-Kette). Wasserfreier Aethylalkohol hat nur geringe Giftwirkung, verdünnt mit 30 Gew. % Wasser ist er wesentlich wirksamer. Farbstoffe, die in der mikrobiologischen Technik benutzt werden (Kristallviolett, Brillantgrün usw.), wirken oft schon in sehr geringen Konzentrationen hemmend, in etwas höheren Konzentrationen abtötend auf Bakterien, wobei sich grampositive Bakterien gegenüber gramnegativen als empfindlicher erweisen (Vgl. Teil I S. 18). Da die Giftwirkung insofern elektiv ist, als die Empfindlichkeit verschiedener Bakterienarten unterschiedlich sein kann, lassen sich in Farbstoff-haltigen Medien bestimmte Gruppen von Bakterien in der Entwicklung hemmen, ein Prinzip, von dem beim Nachweis pathogener Bakterien zu Zwecken der Diagnostik Gebrauch gemacht wird. So erleichtert ein Zusatz von Malachitgrün zum Nährboden den Nachweis von *Mycobact. tuber-*

culosis im Bakteriengemisch eines Sputum-Ausstriches. Im Gemisch der Darmbakterien in den Faeces werden *Esch. coli* und verwandte (coliforme) Bakterien durch Brillantgrün bei Konzentrationen abgetötet, die noch eine ungehinderte Entwicklung pathogener Salmonellen oder Ruhrerreger zulassen. Auch Kaliumtellurit hemmt viele Bakterien, während sich *Corynebact. diphtheriae*, aber auch *Staphylococcus*-Arten und Hefen entwickeln und Tellurit zu schwarzem Tellur reduzieren.

Die doppelte Bedeutung einiger Schwermetalle als Spurenelemente und Gifte wurde schon erwähnt. Spuren von Kupfer im destillierten Wasser genügen, um das Wachstum Cu-empfindlicher Algen in einer mit diesem Wasser hergestellten Nährlösung zu verhindern. Spuren von Schwermetallen (Cu, Zn, Cr) oder auch schon von Alkalien, die von den Wänden eines Glaskolbens an das Nährmedium abgegeben werden, können ebenfalls das Wachstum empfindlicher Organismen stören. Im Pflanzenschutz werden Cu-haltige Brühen (Bordeaux-Brühe, Kupferoxychlorid-Lösungen) als Spritzmittel zur Bekämpfung von *Phytophthora infestans* und von *Peronospora*-Arten auf Weinstock und Hopfen verwandt. Quecksilber-Verbindungen dienen als Desinfektionsmittel (Sublimat, $HgCl_2$) oder als Beizmittel für Saatgut, z. B. Ceresan (Methoxyaethyl-Merkurichlorid) zur Bekämpfung von Weizensteinbrand und Haferflugbrand.

Viel benutzte organische Desinfektionsmittel sind Phenole und Kresole, die Acridin-Verbindung Panflavin, das Oxychinolin-haltige Chinosol. Unter den oberflächenaktiven, benetzenden und emulgierenden Substanzen (Seifen, „Detergentien") ist vor allem die Gruppe der quaternären Ammonium-Verbindungen hervorzuheben. Auf dem Gebiet der Chemotherapie haben sich die Sulfonamide besonders bei Infektionen mit Streptokokken, Staphylokokken, Pneumokokken, Meningo- und Gonokokken bewährt. Organische Arsen-Verbindungen werden besonders bei Spirochaeten- und Trypanosomen-Erkrankungen angewandt, z. B. Salvarsan bei Syphilis (*Treponema pallidum*), Tryparsamid bei Schlafkrankheit (*Trypanosoma gambiense*). Arsen wirkt ebenso wie Antimon auf lebenswichtige Enzyme mit SH-Gruppen, die als unlösliche Sulfide gebunden und dadurch blockiert werden. In der Malaria-Therapie greifen Chinin und Atebrin (Acridin-Derivat) die ungeschlechtliche Vermehrungsform der *Plasmodium*-Arten (Schizonten und Merozoiten) an, die den Fieberanfall hervorrufen, während Plasmochin (Aminochinolin-Derivat) auf die Gameten wirkt.

Seit dem letzten Weltkrieg hat eine ständig wachsende Zahl natürlich vorkommender chemotherapeutisch wirksamer Substanzen mehr und mehr Bedeutung erlangt. Es

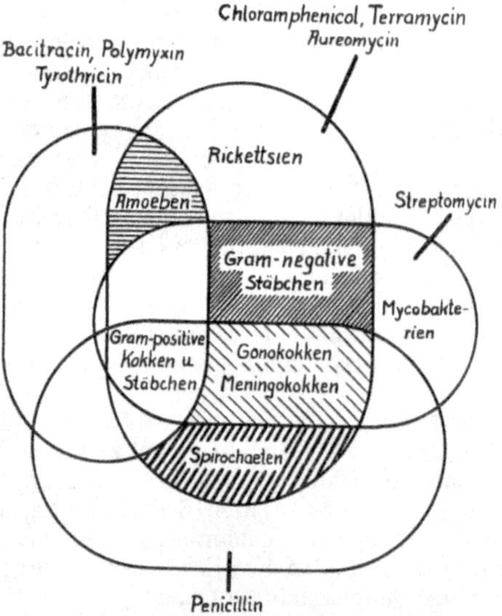

Abb. 5. Wirkungsbereich einiger Antibiotika (nach THIMANN).

handelt sich um die Antibiotika (vgl. S. 24, 82), Verbindungen biologischen Ursprungs, die im Stoffwechsel von Pilzen Actinomyceten, Bakterien und anderen Mikroorganismen entstehen, aber auch bei höheren Pflanzen und Metazoen vorkommen. Ihr gemeinsames Merkmal ist die antagonistische (antibiotische) Wirkung auf bestimmte Mikroorganismen. Viele von ihnen sind auch für den Menschen in hohem Grade giftig; einige haben sich jedoch als therapeutisch wertvoll und unentbehrlich erwiesen. Die wichtigsten sind die verschiedenen Penicilline, Streptomycin, Aureomycin, Chloromycetin mit breiterem oder engerem Wirkungsspektrum, das sich vor allem auf pathogene Bakterien erstreckt (Abb. 5). Während zur Bekämpfung pathogener Protozoen und Bakterien in großer Zahl wirksame Verbindungen vorliegen, bereitet die Chemotherapie menschenpathogener Pilze noch immer erhebliche Schwierigkeiten.

4. Antagonismus[1]) und Adaptation

Ionen-Antagonismus. Auf die Bedeutung der Neutralsalze für die lebende Zelle ist mehrfach hingewiesen worden. Teils handelt es sich um die Verwendung bestimmter Ionen als mineralische Nährstoffe, teils um den Einfluß auf die Struktur der Plasmakolloide und auf den Ablauf von Stoffwechselvorgängen (vgl. Teil I, S. 104). Die Beobachtung zeigt, daß die Zellen von Mikroorganismen ebenso wie die Zellen und Gewebe höherer Organismen früher oder später geschädigt werden in Lösungen, die nur ein einziges Salz, z. B. NaCl, enthalten, selbst wenn der osmotische Druck der Lösung den Verhältnissen in der Zelle entspricht. In physiologisch ausgeglichenen Lösungen, z. B. Ringer-Lösung, kann die Schädigung vermieden werden. Derartige Lösungen enthalten ein Gemisch von Salzen entgegengesetzter physikalisch-chemischer Wirkung, wie sie sich z. B. in der quellenden oder entquellenden Wirkung verschiedener Kationen oder Anionen, entsprechend den von Hofmeister aufgestellten Ionenreihen, zu erkennen gibt. Die Anwesenheit antagonistisch wirkender Ionen trägt zur Erhaltung der Plasmastruktur bei, an die Leben und Wachstum gebunden sind. Giftwirkungen einzelner Ionen werden durch antagonistisch wirkende Ionen beseitigt. Antagonistisch wirken z. B. $MgSO_4$ und $HgCl_2$ bei

[1]) Die Bezeichnung Antagonismus, hier Antagonismus zwischen Ionen oder chemischen Verbindungen, wird auch im ökologischen Sinn gebraucht (vgl. S. 62).

Aspergillus flavus, so daß bei Anwesenheit beider Salze im Medium noch Konzentrationen vertragen werden, die sonst hemmend oder abtötend wirken. Bei *Lactobact. plantarum* ist ein Antagonismus zwischen Zn- und Mn- bzw. Zn- und Ca-, Mg-, Sr-Ionen nachgewiesen worden. Von allgemeiner Gültigkeit ist der Antagonismus zwischen den Ionen der Alkalimetalle und der Erdalkalimetalle (z. B. Na: Ca).

Stoffwechsel-Antagonisten. Untersuchungen über die Wirkung der Sulfonamide haben gezeigt, daß die Hemmung des Wachstums anfälliger Bakterien durch Zufügung von p-Aminobenzoesäure (PAB) zum Medium aufgehoben werden kann. Sulfanilamid sowie andere Sulfonamide und PAB haben analoge Strukturformeln. PAB ist am Aufbau der Folsäure (vgl. Teil I S. 88) beteiligt. PAB und Sulfonamide konkur-

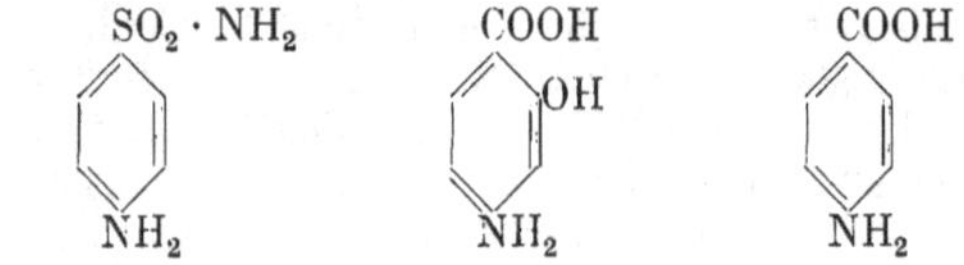

Sulfanilamid PAS PAB

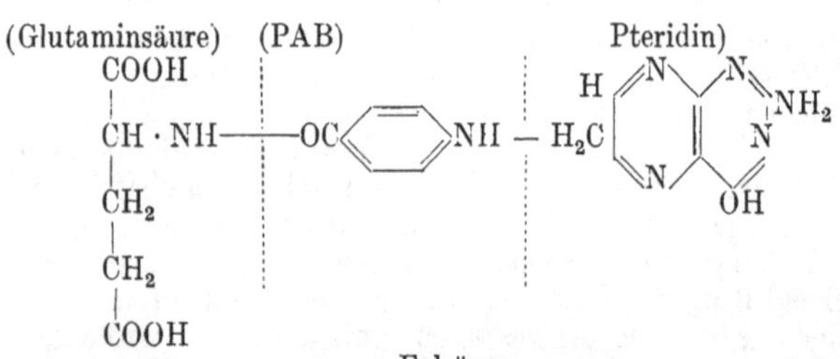

Folsäure

rieren miteinander um die Bindung an das Enzymsystem, das den Aufbau der Folsäure bewerkstelligt. Beide sind Stoffwechsel-Antagonisten; die Sulfonamide wirken als Anti-Wuchsstoffe oder Hemmstoffe. Auch p-Aminosalicylsäure (PAS) hat eine ähnliche Struktur; in diesem Fall hat sich ebenfalls ein Antagonismus zu PAB nachweisen lassen, der zur Anwendung von PAS in der Tuberkulose-Therapie geführt hat.

In vielen anderen Fällen sind ähnliche Beziehungen gefunden worden, z. B. zwischen Nicotinsäure und Pyridinsulfonsäure, Pantothensäure und Panthoyltaurin, Tryptophan und Indolylacrylsäure. Man darf annehmen, daß es sich um einen häufig vorkommenden Wirkungsmechanismus handelt.

Adaptation: Die Fähigkeit, sich an abweichende Lebensbedingungen anzupassen, ist ein wichtiges, bei Mikroorganismen besonders ausgeprägtes Merkmal lebender Zellen. Es zeigt sich z. B. darin, daß aus Süßwasser isolierte Stämme desulfurizierender Bakterien allmählich an das Wachstum in Meerwasser gewöhnt werden können und umgekehrt. Bei vielen Mikroorganismen lassen sich konstitutive und adaptive Enzyme unterscheiden. Während die ersten ständig gebildet werden, auch wenn die Substanz, auf deren Spaltung sie eingestellt sind, nicht im Medium vorhanden ist, wird die Entstehung der zweiten vom Substrat „induziert", wahrscheinlich in der Weise, daß von der Zelle das erforderliche neue Apoferment produziert wird. *Leuconostoc mesenterioides* verarbeitet z.B. Glukose mit einem konstitutiven, Laktose mit einem adaptiven Enzym. *Asp. niger* produziert Tannase nur bei Gegenwart von Tannin im Medium. Auch die Möglichkeit zur Bildung adaptiver Enzyme ist im Genotypus festgelegt.

Resistenz gegenüber Giften. Abgesehen von der auf Ionen-Antagonismus beruhenden Toleranz gegenüber hohen an sich schädlichen Konzentrationen einzelner Ionen, gibt es zahlreiche Fälle, denen andere Prozesse zugrunde liegen. Es handelt sich, soweit die Zusammenhänge bis jetzt aufgeklärt sind, um Adaptation, die durch Kultur bei steigenden Konzentrationen des Giftes erreicht wird und in giftfreien Passagen eine Zeit lang erhalten bleibt, oder um Selektion von spontan entstandenen giftresistenten Mutanten. Im Verhalten verschiedener Arten von Mikroorganismen gegenüber verschiedenen Giften zeigt sich eine große Mannigfaltigkeit. Es vermag sich z. B. *Esch. coli* nicht an steigende Phenol-

Konzentrationen, dagegen sehr gut an Streptomycin anzupassen, (Abb. 6) während umgekehrt *Lactobact. casei* keine Adaptation an Streptomycin erkennen läßt.

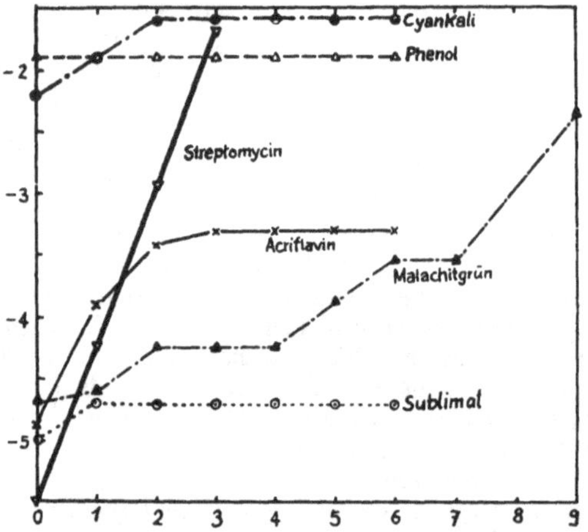

Abb. 6. Anpassung von *Esch. coli* an verschiedene Gifte (nach THIMANN). Abszisse: Zahl der aufeinanderfolgenden Kulturen (Abimpfungen). Ordinate: log der niedrigsten Giftkonzentration, die vollständige Hemmung bewirkt.

Bei einem Stamm von *Staph. aureus* stieg die Penicillinresistenz auf das 60000fache der anfänglich vertragenen Menge. Die Resistenz gegenüber Sulfonamiden scheint meist auf einer erhöhten PAB-Synthese zu beruhen. Der Penicillin-Resistenz liegt wenigstens in einem Teil der Fälle eine hydrolytische Spaltung des Penicillins durch das Enzym Penicillinase zugrunde. Worauf die Streptomycin-Resistenz beruht, ist noch unbekannt. Da resistente Stämme meist nicht schlechter wachsen als die anfälligen und ebenso virulent sind, gehen die therapeutischen Erfolge, die mit der Anwendung der Sulfonamide und der Antibiotika verbunden waren, bei den betreffenden Krankheiten allmählich zurück; daher die ständige Suche nach neuen antagonistisch wirkenden Mitteln oder Kombinationen solcher Mittel. Resistenz gegenüber Sulfonamiden und Antibioticis hat mehrfach sogar zur Entstehung von Rassen geführt, die vom Gift abhängig geworden sind. So gibt es von Streptomycin-anfälligen Arten durch Mutation entstandene Rassen, die Streptomycin gewissermaßen als Wuchsstoff brauchen. Eine bei dem Ascomyceten *Neurospora crassa* aufgefundene Mutante wuchs nur in Gegenwart von Sulfanilamid; hier scheint Sulfanilamid die von der Mutante in einem schädlichen Übermaß gebildete PAB zu entgiften.

5. Temperatur

Nur ein kleiner Abschnitt der gesamten Temperaturskala läßt überhaupt Lebensvorgänge zu und hiervon wieder nur ein Teilabschnitt die Äußerungen des aktiven Lebens, wie Wachstum und Vermehrung. Auch in der lebenden Zelle ist die Geschwindigkeit der Reaktionsabläufe temperaturabhängig und steigt bei einer Temperaturerhöhung um 10° C im allgemeinen auf das Zwei- bis Dreifache. (Temperatur-Koeffizient Q_{10}).

Nach den Temperaturansprüchen lassen sich die Mikroorganismen zur ersten Orientierung in drei Gruppen einteilen (Tab. 2).

Tab. 2. Temperaturgruppen der Mikroben

Gruppe	Kardinalpunkte der Temperatur		
	Minimum	Optimum	Maximum
Kryophile	−10/+5° C	10/20° C	etwa 30° C
Mesophile	10/ 15° C	30/40° C	etwa 45° C oder höher
Thermophile	etwa 25/45° C	50/60° C oder höher	etwa 75° C oder höher

Weicht die Temperatur nach oben oder unten vom optimalen Bereich ab, so verlängert sich bei den Einzellern die Generationsdauer (Abb. 7). Wir unterscheiden die bei niederen

Temperaturen wachsenden kryophilen oder psychrophilen Mikroben, die an mittlere Temperaturen angepaßten Mesophilen und die ausgesprochen wärmebedürftigen Thermophilen. Die einzelnen Gruppen sind nicht scharf voneinander

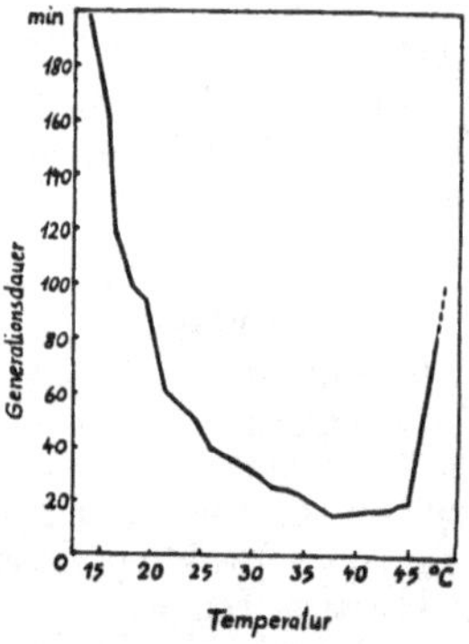

Abb. 7. *Esch. coli.* Abhängigkeit der Generationsdauer von der Temperatur (nach BARBER). Abszisse: Temperatur. Ordinate: Generationsdauer in Minuten.

zu trennen, sondern durch fließende Übergänge miteinander verbunden, auch kann das Verhalten durch Adaptation oder durch verschiedene Zusammensetzung des Nährsubstrates verändert werden. Kryophile Arten haben ihren Standort vor allem im Boden und in Gewässern kalter Klimagebiete. Im Bereich des Nullpunktes und unterhalb desselben auf unterkühlten Substraten oder in Lösungen, deren Gefrierpunkt unterhalb $\pm 0°$ C liegt, finden wir nur noch wenige Bakterien, Schimmelpilze und Algen, die ihr Wachstum im extremen Fall bis etwa $- 10°$ C langsam fortzusetzen vermögen. Dies gilt für einige *Pseudomonas*-Arten (*Ps. fluorescens*, *pyocyanea*), *Proteus vulgaris*, kryophile Leuchtbakterien und unter den Pilzen vor allem für Arten, die auf gekühlten Lebensmitteln, z. B. auf Fleisch und Butter, als Schädlinge auftreten (*Cladosporium*, *Sporotrichum*, *Botrytis*, *Torula*,

Thamnidium). Zu der umfangreichen mesophilen Gruppe gehören die pathogenen Bakterien der Warmblütler. Die Mehrzahl der Pilze zeigt ebenfalls mesophiles Verhalten.

Thermophilie. Biologisch von besonderem Interesse sind die thermophilen Mikroorganismen. Ihre Abgrenzung von den Mesophilen wird verschieden gehandhabt. Thermotolerante Arten haben ihr Optimum im mesophilen Bereich, vertragen jedoch auch höhere Temperaturen (50° C und mehr), während obligat Thermophile nicht unter 45° wachsen und auf einen engen Bereich hoher Temperaturen beschränkt sind; sie verhalten sich stenotherm im Gegensatz zu eurythermen Arten, deren Entwicklung innerhalb eines weiten Temperaturbereiches möglich ist. Vertreter der thermophilen Gruppe sind *Bac. coagulans* und *stearothermophilus*, *Clostr. thermosaccharolyticum*, *Streptom. thermophilus*, unter den Cyanophyceen z. B. *Phormidium geysericola* und *Synechococcus eximinus*. Thermophile Pilze scheinen selten zu sein.

Thermophile sind an der Selbsterhitzung von Heu, Gras, Mist, gärenden Tabakblättern bis zu Temperaturen von etwa 70° C beteiligt. Ein charakteristischer Standort sind ferner heiße Quellen. Thermophile Bakterien sind in Böden aus verschiedenen Klimagebieten gefunden worden und keineswegs auf die Tropen beschränkt. Selbst in der Tiefsee kommen sie vor. Sie entwickeln sich noch bei Temperaturen, bei denen das Protoplasma der Mehrzahl der Mikroben bereits durch Hitze geschädigt wird. Abweichende physikalisch-chemische Eigenschaften der Zellen und ein besonders aktiver Stoffwechsel scheinen das Leben bei hohen Temperaturen zu ermöglichen.

Ein Überblick über die Temperaturbereiche einzelner Arten läßt die Mannigfaltigkeit und die wechselnde Breite des Anpassungsbereiches erkennen (Tab. 3). Fast immer liegt das Optimum näher beim Maximum als beim Minimum. Während das Überschreiten des Temperaturmaximums bei wachsenden Zellen meist rasch zum Absterben führt, teils durch direkte Hitzeschädigung, teils wohl auch durch ein zu starkes Überwiegen der dissimilatorischen Prozesse des Stoffwechsels gegenüber den assimilatorischen, schließt sich an das Unterschreiten des Temperaturminimums eine Zone des latenten Lebens an, die sich bei zahlreichen Pilzen und Bakterien bis in den Bereich des absoluten Nullpunktes erstreckt. Selbst manche Warmblütler-Parasiten vertragen einen tagelangen Aufenthalt bei etwa – 190° C (*Vibrio cholerae*, *Treponema pallidum*, Sporen des *Bac. anthracis* usw.), ohne daß sämtliche Zellen abgetötet werden, während Gefriertemperaturen im Bereich von – 20 bis – 30° C oft wesentlich schlechter vertragen werden, desgleichen wiederholtes Gefrieren und Auftauen.

Tab. 3. Temperaturbereich des Wachstums bei einigen Mikroorganismen in °C (Bei Pilzen: Mycelwachstum)

Spezies	Minimum	Optimum	Maximum
Acetobacter oxydans	8	18/21	30/33
Agarbact. rhodomelae	0	20/25	30/32
Pasteurella pestis	– 2	27/28	45
Polyporus versicolor	0	27/32	40
Vibrio cholerae	16	37	42
Mycobact. tuberculosis	29	37	43
Neisseria gonorrhoeae	30	37	38
Streptoc. thermophilus	20	40/45	50
Chaetomium spec.	25	40/50	62
Bac. stearothermophilus	37	50/65	70
Thermoactinomyces vulgaris	48	57	68
Synechococcus vulcanus[1])	47	70	84
Synechococcus eximius[1])	68	79	84

Sterilisation durch Hitze. Die Empfindlichkeit gegenüber Temperaturen oberhalb des Maximums führt dazu, daß bei Anwendung feuchter Hitze schon bei etwa 70° C die vegetativen Zellen bei der Mehrzahl der Mikroben innerhalb weniger Minuten absterben (Pasteurisierung). Bakteriensporen sind dagegen erheblich widerstandsfähiger. Selbst bei 100° C im strömenden Dampf überleben die Sporen besonders resistenter im Erdboden vorkommender *Bacillus*- und *Clostri*-

[1]) aus den Thermen des Yellowstone-Parkes

dium-Arten eine mehrstündige Einwirkung, während die Sporen anderer Arten (z. B. Milzbrandsporen) bereits nach einigen Minuten bei 100° C absterben. Die Lebensbedingungen der sporenbildenden Kultur sind oft von erheblichem Einfluß auf die Hitzeresistenz. Durch Anwendung von Druck und Temperaturen oberhalb 100° C läßt sich auch die Abtötungszeit der Sporen erheblich herabsetzen, z. B. von 16 Stunden bei 100° C auf 5 Min. bei 130 und 1 Min. bei 140° C. Andererseits gelingt es, Aufschwemmungen sporenbildender Arten auch bei 100° und darunter keimfrei zu machen, wenn man die Erhitzung an 3 bis 5 aufeinanderfolgenden Tagen wiederholt. Zwar überleben die Sporen eine einzelne Hitzebehandlung, sie keimen jedoch im Intervall, so daß bei der nächsten Erhitzung die empfindlichen vegetativen Stadien erfaßt werden, bis schließlich sämtliche Zellen abgetötet sind. Man bezeichnet diese Arbeitsweise als fraktionierte Sterilisierung oder Tyndallisierung.

Weniger empfindlich sind lufttrockene Zellen gegenüber trockener Hitze. Zellen von *Salmonella typhosa* sterben in trockenem Zustand z. B. erst nach 2 Stunden bei 100° C, Milzbrandsporen nach etwa 1 Stunde bei 140° C.

Hitze in ihren verschiedenen Anwendungsformen ist ein wichtiges Hilfsmittel zur Konservierung und Entkeimung von leicht verderblichen Lebensmitteln. In der mikrobiologischen Technik wird sie zum Entkeimen der Nährsubstrate und zur Sterilisierung der Geräte benutzt.

Die Anwendung der Kälte in der Lebensmitteltechnik beruht darauf, daß die Vermehrung der auf den Lebensmitteln vorhandenen Keime, die als wichtigste Ursache des Verderbens anzusehen sind, während der Kühllagerung verzögert und bei Anwendung genügend tiefer Gefriertemperaturen unterbunden wird. In beiden Fällen wird die Haltbarkeit leicht verderblicher Lebensmittel verlängert.

6. Wasser

Auf die vielfache Bedeutung des Wassers als Quellungs- und Lösungsmittel und als Nährstoff wurde schon hingewiesen. Als Maß für den Zustand des Wassers im Einzeller oder im

Thallus der vielzelligen Mikroorganismen und in ihrer Umgebung dient die Hydratur. Sie wird als relative Dampfspannung angegeben, d. h. in % der Sättigung der Luft mit Wasserdampf. Die Hydratur zeigt also gewissermaßen den Freiheitsgrad des Wassers an. Da von der relativen Dampfspannung der Umgebung der Quellungszustand der Zell-Kolloide beeinflußt wird, gibt die Hydratur auch Auskunft über den Zustand des Wassers innerhalb der Zelle, es bestehen Beziehungen zwischen Hydratur, osmotischem Druck und Saugkraft. Wachstum und Vermehrung sind an bestimmte Wassergehalte des Substrates gebunden, die ebenfalls durch die Hydratur der Umgebung beeinflußt werden, wenn auch der Ausgleich meist nur allmählich erfolgt. Bei Bakterien scheint die Grenze bei einem Wasserdampfgehalt der umgebenden Luft von etwa 97–98% zu liegen; bei niedrigeren Werten unterbleibt das Wachstum. Unter den Pilzen gibt es wesentlich anpassungsfähigere xerophile Arten, z. B. in den Gattungen *Cladosporium*, *Aspergillus*, *Penicillium*, deren Wachstum schon bei etwa 80–85% rel. Dampfspannung einsetzt. Hygrophile Arten wie *Oidium lactis* entwickeln sich erst bei Werten oberhalb 90%. Bei den meisten Mucoraceen und Hefen liegt das Minimum der rel. Dampfspannung etwa bei 88–90%. Die optimale rel. Dampfspannung ist niedriger als 100% (vgl. Abb. 3A); bei einer *Penicillium*-Art lag das Optimum z. B. bei 99,4%, entsprechend einem osmotischen Druck von rund 8 Atm. im Nährmedium. Sowohl zu hohe wie besonders zu niedrige Werte führen bei Pilzen zu formativen Veränderungen. In der Nähe des Minimums ist das Längenwachstum der Hyphen gestört. Das Mycel nimmt z. B. bei Mucoraceen und Aspergillaceen einen eigenartigen koralloiden Habitus an. Bei Wasserdampfsättigung nimmt die Sporenbildung ab, Konidienträger wachsen zu Hyphen aus, einzelne Hyphen platzen.

Dauerzellen, wie Bakteriensporen, aber auch Konidien und Sporen von Pilzen, Cysten von Protozoen, schließlich sogar vegetative, in den Ruhezustand übergegangene Zellen sind wesentlich unempfindlicher als in vollem Wachstum befindliche Zellen und vertragen oft jahrelang Trockenheit, ohne abzusterben, jedoch gibt es auch hier, wie bei der Hitzeresistenz, artgebundene Unterschiede. In Fällen hoher Resistenz ist der Wassergehalt der Zellen geringer als bei vollem Wachstum; die wasserundurchlässigen, oft aus mehreren Schichten zusammengesetzten Zellwände verhindern die Abgabe von Wasserdampf. So bleiben trockene Konidien von *Aspergillus*-Arten 10–20 Jahre am Leben, Ascosporen von Hefepilzen 1–2 Jahre, während die Sporangiosporen der Mucoraceen empfindlicher sind und schon nach einigen Wochen oder Monaten absterben. Auch trockene Bakteriensporen halten jahrelang in einem Zustand des latenten Lebens aus, ohne daß pathogene Arten ihre Virulenz einbüßen (Milzbrandsporen bis etwa 20 Jahre). Vegetative Zellen sind z. B. bei *Azotobacter*, *Salmonella typhosa*, *Streptoc. lanceolatus* jahrelang im lufttrockenen Zustand haltbar. Hohe Anforderungen an das Anpassungsvermögen werden an Luftalgen (Cyanophyceen und Chlorococcaceen) und Flechten gestellt, die wir als Bewohner von Baumrinde und als ersten Bewuchs auf Hausdächern, auf Felsen und Bauwerken antreffen; sie sind an diesen Standorten extremen Schwankungen der Hydratur ausgesetzt.

In Nährlösungen ist ein wesentlicher, das Wachstum beeinflussender Faktor der osmotische Druck. Der Bereich, in dem Mikroorganismen Entwicklungsmöglichkeiten gegeben sind, erstreckt sich von reinem Wasser, das nur Spuren von Salzen und organischen Nährstoffen enthält, bis zu hochkonzentrierten oder gesättigten Zucker- oder Salzlösungen. Der osmophile *Zygosacch. barkeri* wächst noch in Zuckersirup, dessen osmotischer Druck einer Hydratur von rund 62% entspricht. Halophile Mikroorganismen sind an das Leben in konzentrierten Salzlösungen angepaßt. Ihr Standort sind natürlich vorkommende Salzsolen und Salzseen; Bakterien, Hefepilze, Cyanophyceen, einzellige Algen, einige Flagellaten und Ciliaten sind an derartigen Standorten nachgewiesen worden. Ähnlich wie bei den Thermophilen gibt es Abstufungen von Halotoleranz bis zur obligaten Halophilie. Halophile Mikroorganismen verlangen NaCl, das zum Teil durch andere Na-Salze ersetzt werden kann; unentbehrlich ist also das Na-Ion. Wie die Thermophilie ist auch die Halophilie ein

Leben an den Grenzen des Anpassungsbereiches. Welche Eigenschaften des Protoplasten für die Halophilie entscheidend sind, ist noch umstritten.

Das Anpassungsvermögen von Mikroorganismen an niedere Hydraturen ist von praktischer Bedeutung, da es vor allem für eine Anzahl Schimmelpilze Wachstum auf wasserarmen Lebensmitteln wie Getreide, Mehl, Trockenfisch (hier in der Verbindung mit Halophilie), ferner auf Futtermitteln, Textilien, Lederwaren ermöglicht, sobald die Luftfeuchtigkeit in der Umgebung über einen kritischen Wert ansteigt.

7. Sauerstoff

Neben dem Redoxpotential des Mediums ist das Fehlen oder Vorhandensein von Sauerstoff in der Umgebung ein wichtiger Wachstumsfaktor. Während Cyanophyceen und Algen in der überwiegenden Mehrzahl Sauerstoff brauchen, finden wir bei Bakterien, Pilzen und Protozoen eine größere Mannigfaltigkeit. Nach dem Verhalten zum Sauerstoff werden unterschieden:

Aerobier: Wachstum nur bei Anwesenheit von Sauerstoff etwa im gleichen Verhältnis, wie er in der Luft enthalten ist (276 mg/L oder 19.3 Vol %) (z. B. Arten der Gattungen *Micrococcus*, *Bacillus*, *Mycobacterium*, *Streptomyces*); Mikroaerophile: Wachstum bei Sauerstoffgehalten, die niedriger sind als in der Luft (viele Milchsäurebakterien, *Leptothrix ochracea*); Fakultative Aerobier und Anaerobier: Wachstum mit oder ohne Sauerstoff (Hefepilze, zahlreiche Bakterienarten); Anaerobier: Wachstum nur bei Abwesenheit von Sauerstoff oder bei Sauerstoffspuren; etwa 10–20 mg O_2/L werden von manchen Arten vertragen (*Clostridium* und *Bacteroides*-Arten).

Genauere Untersuchungen haben gezeigt, daß die Grenzen zwischen Aerobiern und Anaerobiern nicht so scharf sind, wie es zunächst erscheint. Beide Gruppen sind durch Übergänge miteinander verbunden; die Sauerstoff-Minima der Aerobier und die Sauerstoff-Maxima der Anaerobier können im gleichen Bereich liegen (Tab. 4). Die Sauerstoff-Optima und -Maxima der Aerobier liegen oft in Bereichen, die höher sind als der

Sauerstoffgehalt der Luft. Allgemein ist der Abstand zwischen Maximum und Minimum für Sporenkeimung am weitesten, etwas enger für das vegetative Wachstum und oft wesentlich enger für Sporenbildung.

Tab. 4. Abhängigkeit des Wachstums vom Sauerstoffgehalt der Luft

	mg O_2 im Liter		
	Minimum	Optimum	Maximum
Clostr. pasteurianum (anaerob) .	~ 0		25
Bac. asterosporus (fakultativ anaerob)	~ 0	100	5600
Bac. subtilis (aerob)	4,5	400	4320

Die Zellen obligat anaerober Bakterien sterben bei Kontakt mit der Luft oft schon nach kurzer Zeit ab, wahrscheinlich unter der Wirkung eines giftigen Stoffwechselproduktes, das durch Reaktion mit dem Luftsauerstoff gebildet wird. Vieles spricht dafür, daß der im anaeroben Stoffwechsel von Dehydrogenasen aufgenommene Gärungswasserstoff auf Sauerstoff übertragen wird. Das entstehende Zellgift H_2O_2 kann nicht entgiftet werden, da den strengen Anaerobiern Katalase fehlt. In anderen Fällen, bei mikroaerophilen Katalase-negativen Streptokokken der *viridans*-Gruppe, wird H_2O_2 in den zur Kultur benutzten bluthaltigen Nährsubstraten an Haemoglobin gebunden, das zu einem grünen Farbstoff oxydiert wird.

Die Reinkultur obligat anaerober Bakterien verlangt, daß der Sauerstoff auf chemischem Weg, z. B. durch alkalische Pyrogallol-Lösung, gebunden oder daß die Luft im Kulturgefäß durch Sauerstoff-freien Stickstoff ersetzt wird. Auch im Hochvakuum kann kultiviert werden, jedoch nur, wenn die betreffenden Arten kein CO_2 brauchen. Eine andere Möglichkeit besteht in der Zufügung kräftiger Reduktionsmittel zum Medium (Cystein, Glutathion, Ascorbinsäure); hierdurch wird das Redoxpotential im Medium soweit gesenkt, daß nunmehr obligate Anaerobier, z. B. *Clostr. pasteurianum* selbst bei Luftzutritt wachsen können. Je nach den herrschenden

Bedingungen vermögen fakultativ aerobe und -anaerobe ihren Stoffwechsel auf Atmung (aerob) oder Gärung (anaerob) einzustellen. Bei Hefepilzen hört in Gegenwart von Sauerstoff die Gärung auf, das Wachstum der Hefe nimmt zu, der Zuckerverbrauch geht zurück (PASTEUR-Effekt). Das letztere hängt mit der wesentlich höheren Ausbeute an energiereichen, organischen Phosphorverbindungen bei der vollständigen Veratmung des Zuckers zusammen. Einige Mucoraceen können ebenfalls von der aeroben zur anaeroben Lebensweise übergehen, wobei formative Veränderungen des Mycels auftreten (vgl. Teil I, S. 117). Das sonst ungegliederte Mycel wird bei Abschluß des Sauerstoffs durch Querwände in Ketten von Zellen mit stark gewölbten Außenwänden zerteilt, die sich aus dem Verband lösen und durch Sprossung vermehren können („Mucorhefe"). Wird die Aerobiose wiederhergestellt, so wachsen die Zellen zu normalen, ungekammerten Mycelien aus.

8. Strahlen

Wenn wir von der Bedeutung des Lichtes im roten, blauen und infraroten Spektralbereich als Energiequelle bei der Photosynthese und von den später zu besprechenden lichtbedingten Reizbewegungen absehen, so bleiben noch zahlreiche Fälle, in denen Strahlen verschiedener Wellenlänge das Wachstum beeinflussen. Meist sind Strahlenwirkungen bei Mikroorganismen unter dem Gesichtspunkt der Hemmung, Abtötung oder Auslösung von Mutationen untersucht worden, wobei sich bestimmte Abschnitte des elektromagnetischen Spektrums als wirksam erwiesen haben. (Abb. 8). Die wirksamen Bereiche liegen im Gebiet der kurzwelligen Strahlung. Auf der langwelligen Seite des Spektrums tritt nur eine geringe Wirkung im Bereich der Hertzschen Wellen auf, die auf thermischer Schädigung der Zellen zu beruhen scheint.

Ultraviolettes Licht (UV). Die stärkste Wirkung wird von Wellenlängen um 2G0Å[1]) erzielt. Dies entspricht dem Gebiet der stärksten Absorption des UV durch Zellkerne und DNS. Auf der schädigenden Absorption in Zellkernen und

[1]) 1 Ångström (Å) = 10^{-8} cm.

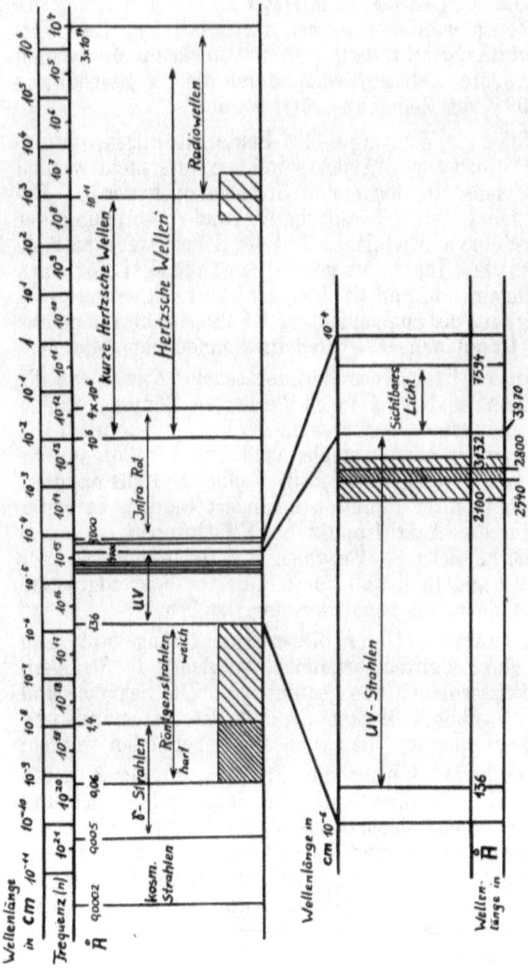

Abb. 8: Elektromagnetisches Spektrum. Die Bereiche, in denen Mikroorganismen abgetötet werden, sind durch verschieden starke Schraffierung hervorgehoben.

Zellkernaequivalenten beruht in erster Linie die Wirkung des UV. Die Zellen werden zunächst nur inaktiviert, ihre Vernehrung wird gehemmt, dann erst sterben sie ab. Mutationen reten in größerer Zahl auf, wenn durch die UV-Bestrahlung etwa 90—99% der Zellen abgetötet werden.

Die schädigende Wirkung ist bei Bakterien, Pilzen, Actinonyceten, Protozoen und Algen, soweit sie untersucht worden ind, die gleiche. In den ersten Stunden nach der UV-Betrahlung gelingt eine Reaktivierung und Beseitigung der Schäden bei einem erheblichen Teil der Zellen, wenn man sie lem sichtbaren Licht aussetzt (Photoreaktivierung). Auch die hemmende und bei längerer Einwirkungsdauer abötende Wirkung des Sonnenlichtes auf Bakterien und keimende Pilzsporen ist an den UV-Anteil im Sonnenlicht gebunden.

Röntgenstrahlen. Ihre Wirkung scheint ebenso wie die ler γ-Strahlen, in deren Bereich die harten Röntgenstrahlen allen, auf Ionisationsvorgängen in der Zelle zu beruhen. Es ntstehen oxydierende Radikale, vielleicht auch organische Peroxyde, von denen lebenswichtige Zellbestandteile oxydiert ind dadurch in ihrer Funktion behindert werden. In erster Linie scheint der Angriffspunkt bei SH-Gruppen zu liegen, vie sie z. B. in vielen Co-Enzymen vorhanden sind. Hierfür pricht unter anderem, daß vor der Bestrahlung zugesetzte SH-Verbindungen eine Schutzwirkung ausüben.

Radiomimetika. Unter dieser Bezeichnung faßt man ine Reihe von Zellgiften zusammen, von denen die Strahlenvirkung gewissermaßen nachgeahmt wird. Die Senfgase und Jodessigsäure gehören hierhin. Sie lösen Mutationen aus und reifen SH-Gruppen an, die oxydiert oder gebunden werden.

Treffertheorie. Ionisierende Strahlen, zu denen außer Röntgen- und γ-Strahlen auch die korpuskulären α- und -Strahlen gehören, sollen nach dieser Theorie auf einen leinen, empfindlichen und lebenswichtigen Volumenanteil 1 der Zelle einwirken, der dem Zellkern, seinem Aequivalent der einzelnen Genen entspricht. Wird hier ein Strahlentreffer erzielt, so kann die Zelle an den Folgen einer letalen Mutation absterben.

Lichtwirkungen bei Pilzen. Bei den Fruchtkörpern vieler Hymenomyceten z. B. bei *Coprinus*, ist die normale Entwicklung der Fruchtkörper an Licht gebunden. Bei Dunkelheit, z. B. an Grubenholz in Bergwerken, kommt es zu einem übermäßigen Längenwachstum der Stiele, während das Hutwachstum zurückbleibt, eine Erscheinung, die an das Etiolement höherer Pflanzen erinnert. In anderen Fällen, z. B. bei *Psalliota campestris*, verläuft dagegen die Fruchtkörperentwicklung mit und ohne Licht in gleicher Weise. Bei vielen Pilzen wird die Farbstoffbildung durch kurzwelliges Licht gefördert, wie es auch bei Bakterien der Fall ist. Mannigfaltig ist die Wirkung des Lichtes auf die Sporenbildung: Sie verläuft unabhängig von Licht und Dunkelheit, sie kann im Licht gefördert oder gehemmt oder an Licht gebunden sein. Wechsel von Licht- und Dunkel-Perioden führt häufig zur Zonenbildung im wachsenden Mycel, eine bei Pilzen häufige Erscheinung, die allerdings auch andere Ursachen haben kann. Es wechseln gefärbtes und farbloses, sporenreiches und sporenarmes oder steriles, dicht und locker wachsendes Mycel in konzentrischen Zonen miteinander ab. Die Beziehungen zu Licht und Dunkelheit sind nicht immer ohne weiteres zu erkennen, da der Lichtreiz nachwirkt und die Reaktion zuweilen erst in der folgenden Dunkelperiode sichtbar wird. *Sclerotinia fructigena* zeigt besonders schön konzentrische Ringe von Konidien oder Sklerotien, wenn sie sich in einer Petrischale oder in einem Apfel entwickelt.

Lumineszenz. Eine Umwandlung von chemischer Energie in Licht erfolgt bei Leuchtbakterien, Pilzen und Flagellaten in Verbindung mit der Endoxydation, der Übertragung von Wasserstoff auf den Sauerstoff der Luft im letzten Abschnitt der aeroben Atmung. Leuchtende Pilze sind z. B. *Armillaria mellea*, *Panus stypticus* und viele tropische Hutpilze. Die Leuchtbakterien gehören zu den Gattungen *Photobacterium* und *Vibrio*; sie bevorzugen marine Standorte und leben auch in Symbiose (vgl. S. 114). Massenansammlungen des marinen Dinoflagellaten *Noctiluca miliaris* rufen das Meerleuchten hervor. Luciferin, wahrscheinlich ein Polyphenol mit einer Seitenkette, wird durch das Enzym Luciferase oxydiert (dehydriert). Während dieses Vorganges wird ein bläulich-grünes Licht emittiert.

III. Der Entwicklungsgang und seine Lenkung

Nicht nur das Wachstum wird von einer Reihe von Faktoren beeinflußt, auch der gesamte Entwicklungsgang, insbesondere das Einsetzen der ungeschlechtlichen und geschlechtlichen Fortpflanzung, erweist sich innerhalb der erblich festgelegten Möglichkeiten in zahlreichen Fällen als beeinflußbar und lenkbar durch eine entsprechende Wahl der Lebensbedingungen.

Basidiobolus ranarum, ein im Froschdarm vorkommender Zygomycet, bildet bei Kultur auf einem Pepton-Zucker-Nährboden ein feines septiertes Mycel. Erhöhung des osmotischen Druckes (20% Glukose) hemmt das Längenwachstum, so daß Haufen von kugligen Zellen entstehen. Glycerin führt bei Anwendung höherer Temperaturen zur Bildung vielkerniger Riesenzellen. Mit NH_4-Salzen als N-Quelle bilden sich auffällig verdickte, geschichtete Zellwände.

Saccharomyceten vermehren sich zahllose Generationen hindurch durch Sprossung oder Spaltung, wenn man sie nur immer rechtzeitig, ehe Nahrungsmangel eintritt, in frische Nährlösung überträgt. Werden dagegen die Zellen nach einer Periode kräftiger Vermehrung durch Auswaschen von den Resten der Nährlösung befreit und auf einen feuchten Gipsblock ausgesät, so bilden zwar nicht alle, aber doch zahlreiche Arten und Rassen innerhalb bestimmter Temperaturbereiche Ascosporen. Auslösender Faktor ist der Übergang von guter Ernäh ung zu Nährstoffmangel bei gleichzeitiger, reichlicher Luftzufuhr. Auch bei aeroben Bakterien wird die Sporenbildung, soweit sie überhaupt möglich ist, durch Nährstoffmangel und reichliche Sauerstoffversorgung begünstigt.

Bei *Saprolegnia*-Arten wie *S. mixta* haben wir es durch die Wahl der Kulturbedingungen in der Hand, den Pilz vegetativ wachsen zu lassen oder die Bildung von Zoosporangien oder von Oogonien und Antheridien oder von Dauerzellen auszulösen.

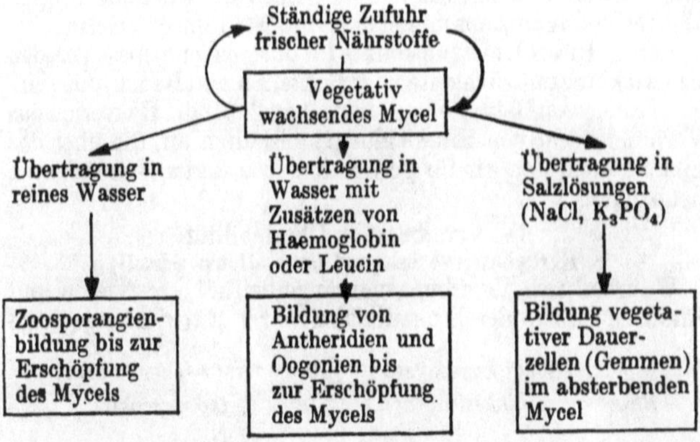

Nährstoffarmes und nährstoffreiches Medium bestimmen bei *Cladothrix dichotoma* die Wuchsform. Bei reichlicher Ernährung und üppiger Entwicklung lagern sich die sonst einzeln wachsenden *Cladothrix*-Fäden zu dichten, schleimigen Strängen zusammen, die als *Sphaerotilus natans* beschrieben worden sind und massenhaft in organisch verunreinigten Gewässern, z. B. in den Abwässern von Zuckerfabriken auftreten. Bei einem Wechsel der Ernährungsbedingungen geht im Experiment aus den absterbenden *Sphaerotilus*-Zoogloeen erneut die *Cladothrix*-Form hervor:

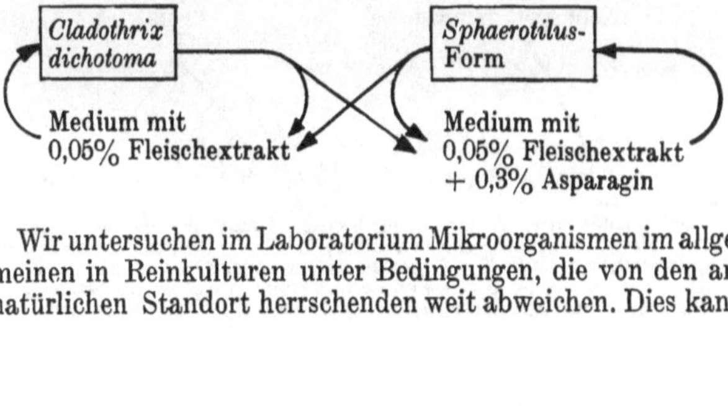

Wir untersuchen im Laboratorium Mikroorganismen im allgemeinen in Reinkulturen unter Bedingungen, die von den am natürlichen Standort herrschenden weit abweichen. Dies kann dazu führen, daß wir von den möglichen Entwicklungsformen eines Mikroorganismus immer nur ganz bestimmte zu Gesicht bekommen. Dieser Umstand könnte für unsere Kenntnisse von den Entwicklungsmöglichkeiten der Bakterien von Bedeutung sein. Eine Reihe von Bakteriologen nimmt auch für die Bakterien das Vorhandensein von Entwicklungskreisläufen an, die über das hinausgehen, was wir für gewöhnlich in unseren Reinkulturen beobachten.

IV. Vererbung und Variabilität

1. Kernphasenwechsel und Generationswechsel[1])

Während sich Vererbungsvorgänge bei höheren Tieren und Pflanzen infolge der Einheitlichkeit ihrer Entwicklungsgänge

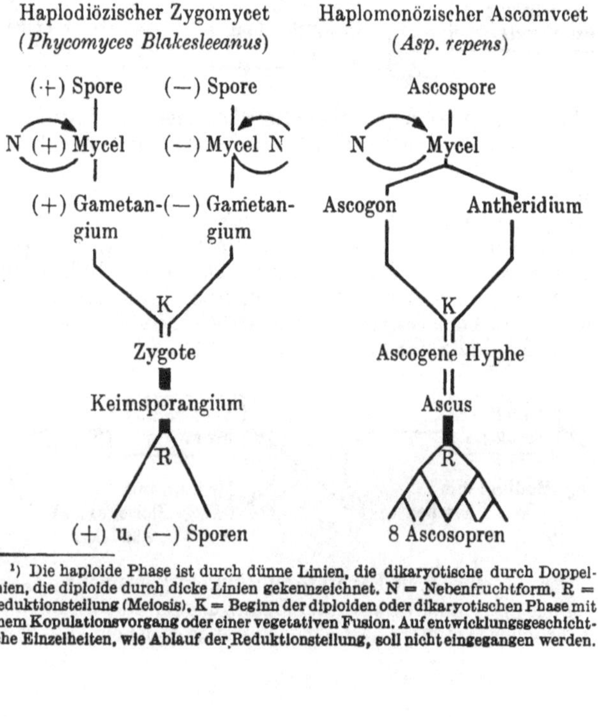

[1]) Die haploide Phase ist durch dünne Linien, die dikaryotische durch Doppellinien, die diploide durch dicke Linien gekennzeichnet. N = Nebenfruchtform, R = Reduktionsteilung (Meiosis), K = Beginn der diploiden oder dikaryotischen Phase mit einem Kopulationsvorgang oder einer vegetativen Fusion. Auf entwicklungsgeschichtliche Einzelheiten, wie Ablauf der Reduktionsteilung, soll nicht eingegangen werden.

nur in der diploiden Phase unmittelbar beobachten lassen, besteht bei Mikroben die Möglichkeit, das Verhalten von Haplonten oder von Diplonten oder sogar von beiden bei derselben Spezies im Vererbungsexperiment zu verfolgen. Haplonten sind z. B. die meisten Pilze (Oomyceten, Zygomyceten, Ascomyceten), die Phytomonadinen und Sporozoen; Diplonten (wie die Metazoen und Blütenpflanzen) die Diatomeen, Heliozoen (z. B. *Actinophrys*), Ciliaten; Haplodi-

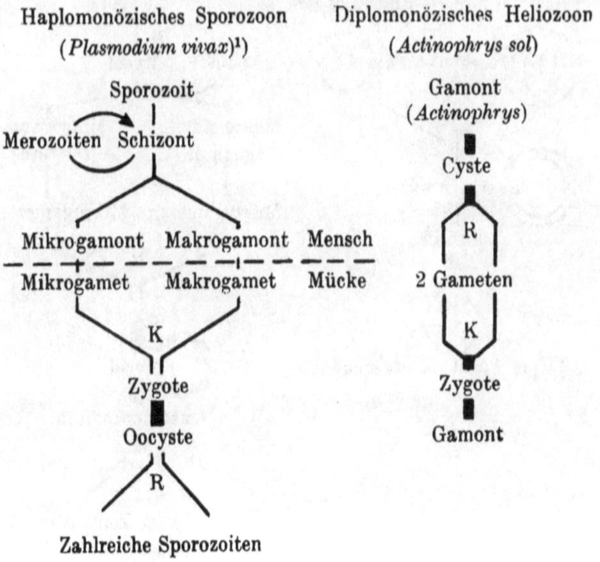

[1]) Hier ist der Entwicklungsgang mit einem Wirtswechsel verbunden: Die Gametogonie wird im Blut des Menschen eingeleitet und in der Mücke (*Anopheles*-Arten) abgeschlossen. Dort findet bei der Zygotenkeimung die Reduktion statt. Die Sporozoiten werden von der Mücke beim Blutsaugen auf den Menschen übertragen. Es folgt eine lebhafte Vermehrung durch Merozoiten, vergleichbar der Nebenfruktifikation vieler Pilze.

plonten die Mehrzahl der Hymenomyceten, Foraminiferen Kernphasen- und Generationswechsel sind außerordentlich mannigfaltig ausgebildet, wie die Beispiele zeigen:

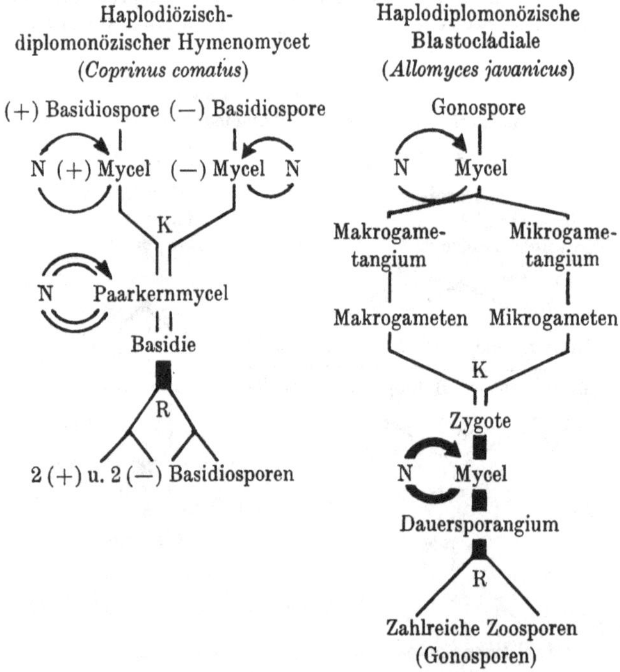

Haplodiplomonözische Foraminifere
(*Myxotheca arenilega*)

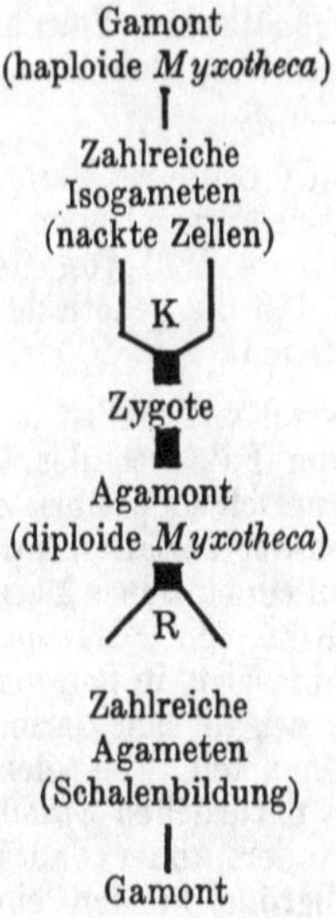

2. Variabilität

Wie für höhere Organismen ist auch für Mikroben Variabilität ein charakteristisches Merkmal, das schon frühzeitig beobachtet, aber oft falsch gedeutet worden ist. Bei Bakterien hat die unzureichende Kenntnis von der Variabilität morphologischer und physiologischer Eigenschaften in Verbindung mit einer unvollkommenen Technik eine Zeit lang zu einer pleomorphistischen Auffassung geführt. Sie fand darin ihren Ausdruck, daß sämtliche bekannte Bakterien in einigen wenigen extrem pleomorphen Arten zusammengefaßt wurden.[1]

---

[1] Vgl. die Zeittafeln S. 123.

An ihre Stelle trat eine monomorphistische Auffassung, verbunden mit einer sehr weitgehenden Aufteilung in Arten. Auch hiervon kommt man heute wieder ab, nicht zuletzt unter dem Einfluß genetischer Forschungen und der zunehmenden Kenntnisse über den Zusammenhang zwischen Ernährung und Wuchsform.

Es lassen sich erblich bedingte Veränderungen von nicht erblichen Modifikationen unterscheiden, die aber häufig über eine größere oder kleinere Zahl von Generationen erhalten bleiben können, ohne daß die genetische Struktur verändert wird (Dauermodifikationen).

Modifikationen erscheinen selbst innerhalb reiner Linien unter dem Einfluß von Faktoren der Umwelt, die auf die einzelnen Individuen verschieden stark einwirken. Sie geben sich schon im Auftreten der Variationskurve nach JOHANNSEN zu erkennen, wenn man ein einzelnes Merkmal, z. B. die Länge der Zellen in einem Klon von *Paramaecium caudatum* mißt und die Zahl der Paramaecien in den verschiedenen Größenklassen ermittelt. Sie zeigen sich darin, daß sich z. B. die Wuchsform in Abhängigkeit von der Zusammensetzung des Mediums oder am natürlichen Standort in Abhängigkeit von der Jahreszeit ändert, oder daß in einer Bakterien-Einzellkultur die Zellgröße in den einzelnen Phasen der Wachstumskurve Unterschiede aufweist.

Erbliche Veränderungen können mannigfaltiger Natur sein. Der einwandfreie Nachweis ist an das Vorhandensein eines Sexualvorganges gebunden. Es kann sich um Erscheinungen handeln, die mit einer Neukombination von Merkmalen oder mit der Aufspaltung von Merkmalspaaren in Verbindung mit dem Kernphasenwechsel in einer Reinkultur von Mikroorganismen zusammenhängen.

Mutationen sind sprunghafte, erbliche Veränderungen von Eigenschaften, die spontan und ungerichtet bei einer kleinen Anzahl von Individuen in einer Population auftreten (Mutationsrate). Auch bei Mikroorganismen, bei Pilzen, Algen, Protozoen, sind Mutationen beobachtet worden.

Bei Bakterien wird ebenfalls von Mutationen gesprochen; so kommen z. B. asporogene Rassen bei sporenbildenden Arten vor, oder es treten Rassen auf, die sich in bezug auf die Vergärbarkeit verschiedener Kohlenhydrate von der in der Natur vorkommenden Wildform unterscheiden. Der exakte Nachweis der Erblichkeit, d. h. einer Veränderung des Genotypus, ist bei Bakterien erst in einem einzelnen Fall, bei *Esch. coli*, erbracht worden. Die Mutationsrate liegt bei Bakterien im allgemeinen etwa bei $1:10^7$ Zellen je Generation.

Künstliche Mutationen. Durch Einwirkung von Röntgenstrahlen, β- und γ-Strahlen, ultraviolettem Licht, von einem Temperaturschock oder von bestimmten Chemikalien (Urethane, Senfgase usw.) lassen sich Mutationen auslösen, deren Zahl gegenüber der natürlichen Mutationsrate erhöht ist. Meist handelt es sich um Verlustmutationen, von denen einzelne Gene betroffen werden. Biochemische Verlustmutanten sind bei Pilzen und Bakterien zur Aufklärung von Prozessen des Baustoffwechsels herangezogen worden. So konnte z. B. mit verschiedenen Arginin-heterotrophen Verlustmutanten von *Neurospora crassa* festgestellt werden, daß die Synthese von Arginin in ihren letzten Abschnitten über Ornithin und Citrullin verläuft, und daß diese beiden Schritte von 3 Genen gesteuert werden, von deren Wirksamkeit die Produktion der erforderlichen Enzyme abhängt.

$$\rightarrow \text{Ornithin} \xrightarrow[\text{(Gen 2,3)}]{+\,CO_2\,+\,NH_3} \text{Citrullin} \xrightarrow[\text{(Gen 1)}]{+\,NH_3} \text{Arginin,}$$

Die Methode, die zum Auffinden biochemischer Verlustmutanten angewandt wird, setzt eine genaue Kenntnis der Ernährungsansprüche in einem definierten Medium voraus. Bei der heterothallischen *Neurospora crassa*, die eine geschlechtliche Fortpflanzung besitzt, beruht sie darauf, daß man bei einem Material, das Mutanten enthält, das Wachstum einer großen Zahl von Einsporkulturen auf dem kompletten Medium mit dem Wachstum auf Minimalmedien vergleicht (Abb. 9). Den Minimalmedien, fehlen je nach der Fragestellung Aminosäuren, Vitamine oder andere Gruppen von Wirkstoffen. In einem weiteren Arbeitsgang wird versucht, für jede Verlustmutante ein neues, ergänztes Minimalmedium aufzufinden, das den fehlenden Stoff oder eine seiner vermuteten Vorstufen enthält.

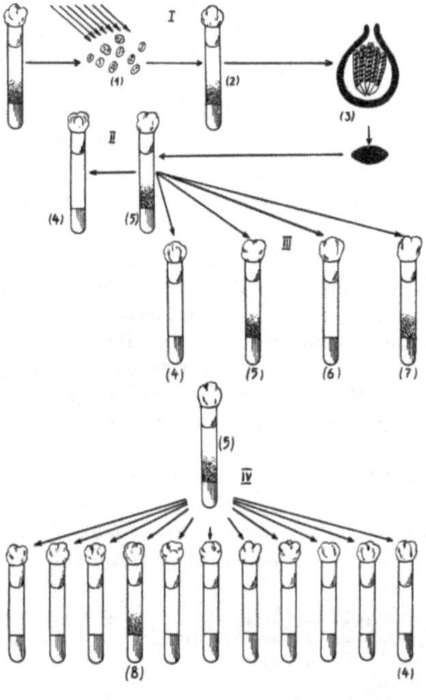

Abb. 9. Nachweis biochemischer Verlustmutanten bei der heterothallischen *Neurospora crassa* (nach BEADLE).

I. Auslösung von Mutationen durch Bestrahlung von Konidien des einen Geschlechtes einer Wildform mit UV (1); Kopulation der bestrahlten Konidien mit dem nicht-bestrahlten Mycel des entgegengesetzten Geschlechtes (2); Isolierung einzelner Ascosporen aus den Perithezien (3).

II. Verhalten von Kulturen aus einzelnen Ascosporen auf dem kompletten Medium und auf dem Minimalmedium: Eine Mutante mit biochemischem Defekt wächst zwar auf dem ersten (5) aber nicht auf dem zweiten Medium (4).

III. Es wird festgestellt, bei welcher Gruppe von Wirkstoffen – hier Aminosäuren (6) oder Vitamine und andere Wirkstoffe (7), – die Synthese gestört ist. Als Kontrolle dienen das Minimalmedium, in dem die Mutante nicht wächst (4) und das komplette Medium (5), auf dem sie wächst. Da im vorliegenden Fall Wachstum nur im Minimalmedium + Vitamine usw. erfolgt (7), ist die Mutante für einen dieser Wirkstoffe heterotroph geworden.

IV. Nachweis des fehlenden Vitamins, hier Pantothensäure (8), bei dessen Zugabe zum Medium Wachstum einsetzt. Die einzelnen Röhrchen der Reihe enthalten Minimalmedium mit einem Zusatz von Thiamin, Riboflavin, Pyridoxin, Pantothensäure (8), Niacin, p-Aminobenzoesäure, Inosit, Cholin, Folsäure oder Nucleinsäure; das letzte Röhrchen der Reihe ist eine nochmalige Kontrolle im flüssigen Minimalmedium ohne Zusätze.

Minimalmedium (g/L): Ammoniumtartrat (5), NH_4NO_3 (1), KH_2PO_4 (1), $MgSO_4 \cdot 7aq$ (0,5), NaCl (0,1), $CaCl_2$ (0,1), Saccharose (15), Biotin (5×10^{-6}), ferner Salze von Spurenelementen (mg/L): Zn (2,0), Fe (0,2), Cu 0,1), Mn (0,02), Mo (0,02), B (0,01). Die in der Natur vorkommende Wildform kann sich in diesem Medium normal entwickeln. Das komplette Agar-Medium enthält sämtliche in Frage kommenden Vitamine und sonstigen Wirkstoffe in komplexer Form (Hefeextrakt, Pepton).

In dem oben erwähnten Beispiel würde eine Verlustmutante, bei der Gen 1 zum unwirksamen Allel mutiert ist, nur dann wachsen, wenn das Medium Arginin enthält, da gerade der letzte Schritt der Argininsynthese blockiert ist. Bei *Neurospora* ist außerdem der exakte Nachweis der Erblichkeit durch ein Kreuzungsexperiment möglich.

Mutationen können sich für den Menschen als nützlich erweisen, wenn z. B. die Penicillin-Produktion bei UV-Mutanten von *Penicillium*-Stämmen gesteigert ist.

Dissoziation. Hier handelt es sich um eigenartige bei Bakterien häufig vorkommende Veränderungen, die als Mutationen gedeutet werden. Sie geben sich in einem veränderten Wachstum der Kolonie zu erkennen, das mit cytologischen und biochemischen Veränderungen verbunden ist; auch das immunbiologische Verhalten wird beeinflußt (vgl. S. 121).

H/O-Dissoziation: Der geißeltragende *Proteus vulgaris* zeigt auf festen Nährböden ein hauchartiges Wachstum (H-Form), da die beweglichen Zellen auf der Oberfläche des feuchten Nährbodens ausschwärmen. Durch Dissoziation entsteht die geißellose Variante mit kompakten Kolonien, die „ohne Hauch" wachsen (O-Form). Der gleiche Vorgang spielt sich auch bei anderen geißelführenden Arten ab.

S/R-Dissoziation: Bei Bakterien der Typhus-Paratyphus-Gruppe und bei zahlreichen anderen Arten findet man bei Aussaat auf festen Nährsubstraten neben Kolonien mit glattem Rand und glatter (smooth), feuchtglänzender Oberfläche abweichende Kolonien mit rauher (rough), trockener Oberfläche und einem in Fäden (Zellketten) aufgelösten Rand (Abb. 10a). Die S-Form erzeugt in Fleischbouillon eine gleichmäßige Trübung, die R-Form ein körniges Sediment.

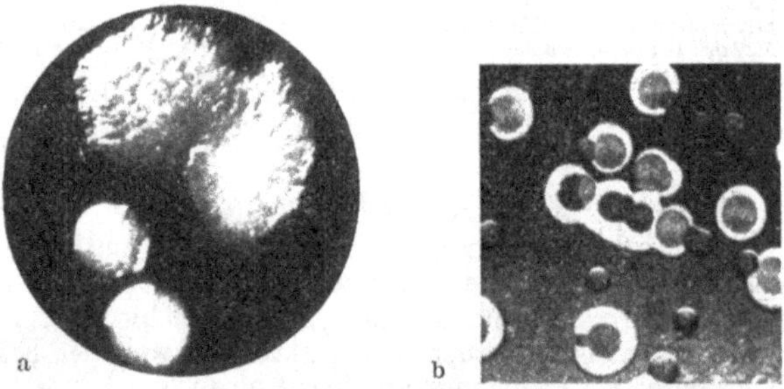

a b

Abb. 10. Dissoziation bei Bakterien. (a) S/R Dissoziation bei *Salmonella thyphosa*, links glatte S-Kolonie, rechts rauhe R-Kolonie (nach WILSON und MILES). (b) M-Dissoziation bei *Salmonella schottmuelleri*. Normale Kolonien und Kolonien der schleimbildenden M-Form mit hellem Schleimwall (nach MÜLLER)

Neben den genannten Formen gibt es Zwischenformen; es treten ferner M-Varianten (mucoid) auf, die durch starke Schleimbildung ausgezeichnet sind (Abb. 10b). Das Bild wird noch mannigfaltiger, da verschiedene Dissoziationen nebeneinander bei derselben Spezies auftreten können. So kommen z. B. kapselbildende Arten mit kapselfreien Varianten vor, gleichzeitig ändert sich das Aussehen der Kolonien von S nach R.

Heterokaryose. Ein Vorgang, der sich weder unter die Modifikationen noch unter die Mutationen einordnen läßt, aber auch mit Sexualität nichts zu tun hat, ist bei Pilzen (Fungi imperfecti und Ascomyceten) beobachtet worden, kommt aber vielleicht auch bei anderen Mikroorganismen (Actinomyceten) vor: Zwischen verschiedenen Stämmen derselben Art oder verwandter Arten kommt es zu Anastomosen und zum Übertritt von Cytoplasma mit Zellkernen vom einen in das andere Mycel. Die Kerne verschmelzen nicht mit den

Kernen des anderen Mycels, sie teilen sich unabhängig von diesen, sie können mit ihnen beim Fortschreiten des Wachstums in die gleichen Zellen des Mycels oder bei der ungeschlechtlichen Fruktifikation in die gleiche Spore gelangen. Ebenso ist jedoch eine zufällige Trennung der beiden Kernsorten auf verschiedene Myceläste oder Sporen möglich. Da beide Kernsorten als Träger erblicher Eigenschaften wirksam bleiben, können heterokaryotische Mycelien in physiologischen Eigenschaften und im Habitus von den Ausgangsformen abweichen; es können ferner in den Kolonien Sektoren von abweichender Wuchsform entstehen.

3. Sexualität und Vererbung

Soweit bei Mikroorganismen typische Zellkerne mit Chromosomen vorhanden sind, gelten im Prinzip trotz zahlreicher Besonderheiten die gleichen Vererbungsgesetze wie sie bei höheren Pflanzen und Metazoen auf Grund der Chromosomentheorie entwickelt worden sind. Untersuchungen sind vor allem mit Pilzen, Phytoflagellaten und Ciliaten (*Paramaecium*) ausgeführt worden.

Auch das Geschlecht ist ein den Mendel'schen Regeln folgendes Merkmal mit mono- oder dihybridem Erbgang. Die Gene, die das Geschlecht bestimmen, wirken als Realisatoren auf die vorhandene bisexuelle Anlage, so daß in einem komplizierten Prozeß unter Beteiligung spezifischer Wirkstoffe die Merkmale des einen oder anderen Geschlechts ausgebildet werden. Die Geschlechtsbestimmung kann genotypisch erfolgen, wie bei heterothallischen Mucoraceen oder Volvocineen, oder noch unbekannte äußere und innere Faktoren bestimmen das Geschlecht (phänotypische Geschlechtsbestimmung), wie bei *Allomyces* oder bei homothallischen Mucoraceen (*Sporodinia grandis*, *Absidia spinosa*).

Das Vorkommen von Sexualstoffen ist in mehreren Fällen nachgewiesen worden. Bei heterothallischen Mucoraceen wird die Bildung der Zygophoren durch diffundierende Hormon-artige Stoffe (Gamone) ausgelöst, wenn sich bei Kultur der beiden Geschlechter in der Petrischale + und –

Hyphen bis auf etwa 1–2 mm einander genähert haben (Abb. 11). Bei heterothallischen *Achlya*-Arten sind zumindest 4 verschiedene „Hormone“ mit verschiedenen Funktionen bei der Entstehung der Oogonien und Antheridien und an dem auf die Oogonien gerichteten Wachstum der Kopulationsschläuche der Antheridien beteiligt.

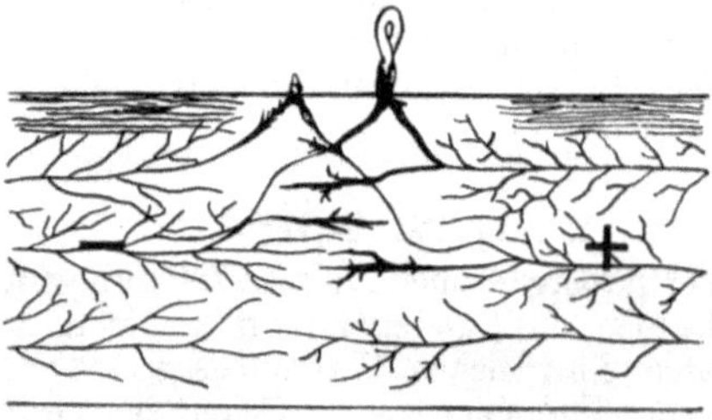

Abb. 11. Beginnende Sexualreaktion zwischen + und – Mycel des heterohalischen (haplodiözischen) *Phycomyces blakesleeanus* (nach BURGEFF).

Eubakterien. Besondere Verhältnisse liegen bei Bakterien, Actinomyceten, Cyanophyceen und Spirochaeten vor. Anstelle typischer Zellkerne sind Zellkern-Äquivalente (Nucleoide) vorhanden. Der direkte Nachweis eines Sexualvorganges ist bis jetzt nur bei Eubakterien und auch hier nur in einzelnen Fällen gelungen. Andererseits ist die Tatsache der Erblichkeit von Eigenschaften auch bei diesen Mikroorganismen unbestritten. Die Mehrzahl der Untersuchungen hat sich auf einzelne Gruppen von Eubakterien, besonders auf „Wildformen“ von *Esch. coli*, erstreckt.

Werden in einer Aufschwemmung Zellen von zwei verschiedenen Verlustmutanten, die sich in je zwei kontrollierten Eigenschaften unterscheiden, gemeinsam suspendiert, so lassen sich Neukombinationen der Merkmale nachweisen, wenn man nach einiger Zeit mit einer besonderen Methode Einzellkulturen auf ihr Synthesevermögen prüft. Die Neukombinationen werden auch in Subkulturen beibehalten. Etwa 100 Zellen unter 10^9 Zellen der gemischten Suspension zeigen dieses Verhalten. Es handelt sich also um ein selten auftretendes Phänomen, dessen Abhängigkeit von äußeren Bedingungen noch unbekannt ist. Die Ergebnisse sind erklärt worden mit der Annahme, daß Eubakterien Chromosomenähnliche Strukturen besitzen, in denen die Gene linear angeordnet sind. Ein vorübergehender Fusionsvorgang zweier Zellen (Konjugation, vgl. Teil I, S. 15) scheint den Faktorenaustausch zu ermöglichen.

Es bedeuten:

BMpt eine Mutante, die Prolin- und Threonin-heterotroph ist,
bmPT eine Mutante, die Biotin- und Methionin-heterotroph ist.

BMPT und bmpt sind die auxoautrotrophe und auxoheterotrophe Neukombination.

Eltern-Zellen:	Hybride, diploide Zygote	Reduktionsteilung und Crossing over	Nachkommen
BMpt – bmPT –	} — BbMmPpTt	————————	{ –BMpt –BMPT –bmPT –bmpt

Transformation. Ebenfalls bis jetzt nur bei einzelnen Bakterienarten ist ein genetischer Vorgang beobachtet worden. bei dem ein lösliches Agens, das aus toten Zellen stammt, von lebenden Zellen einer anderen Rasse aufgenommen wird und dort eine erbliche Veränderung bewirkt:

Die Zellen der Pneumokokken besitzen eine Polysaccharid-Kapsel. Die in großer Zahl vorhandenen Pneumokokken-Rassen unterscheiden sich unter anderem in der chemischen Zusammensetzung des Kapsel-Polysaccharids. R-Zellen, die bei der S/R-Dissoziation entstehen, haben das Vermögen zur Kapselbildung verloren. Spritzt man sie einem Versuchstier (Maus) ein, so erweisen sie sich als avirulent (vgl. S. 88). Spritzt man gleichzeitig tote S-Zellen der gleichen oder einer anderen Rasse ein, so haftet die Infektion und es lassen sich lebende S-Zellen rückisolieren. In Versuchen mit Extrakten aus toten S-Zellen ist nachgewiesen worden, daß es sich bei dem übertragenden Agens um eine DNS handelt; sie bewirkt in den R-Zellen die Synthese des Kapsel-Polysaccharids der Rasse, aus der die Extrakte bereitet worden sind. Sie verhält sich also wie ein Gen, das die Synthese des Kapsel-Polysaccharids steuert.

D. Physiologie der Bewegung

Aktive Bewegungsvorgänge der verschiedensten Art sind bei Mikroben weit verbreitet. Mehrere Hauptgruppen lassen sich unterscheiden: Lokomotorische Bewegungen, bei denen der ganze Organismus, z. B. eine Zoospore, sich fortbewegt, Krümmungsbewegungen, bei denen ein Teil des Vegetationskörpers, z. B. der Stiel eines wachsenden Hymenomyceten-Fruchtkörpers, eine Bewegung in Gestalt einer Krümmung ausführt, Kontraktionsbewegungen, bei denen der Zellkörper seine Gestalt ändert, sich kontrahiert oder streckt und schließlich Bewegungsvorgänge, die beim Ausstreuen von Sporen und beim Öffnen von Fruchtkörpern auftreten. Meist handelt es sich um Lebensvorgänge; in diesem Fall ergibt die nähere Untersuchung, daß äußere oder innere Reize den Bewegungsvorgang auslösen.

Das Vermögen, auf Reize zu reagieren, ist eine der Grundeigenschaften des lebenden Protoplasten. Das Wesentliche hierbei besteht darin, daß der Reiz nach seiner Aufnahme (Suszeption) durch die lebende Zelle zu einer Erregung (Perzeption) führt, die schließlich – an der gleichen Stelle oder nach Einschaltung einer Reizleitung an einer anderen Stelle, – eine Reaktion (Reizbewegung) auslöst. Schon bei Einzellern können Reizleitungsvorgänge auftreten, z. B. bei den Reizbewegungen der Ciliaten oder bei der Umschaltung der Bewegungsrichtung eines Spirillums. Es läuft im Reizvorgang eine komplizierte Kette von chemischen Prozessen ab, die der Organismus mit seinen eigenen Energiemitteln durchführt und die bisher in keinem einzigen Fall restlos aufgeklärt werden konnte. Reize spielen auch im Stoffwechsel und in der Physiologie der Entwicklung eine Rolle, besonders sinnfällig werden sie jedoch als Auslöser von Bewegungsvorgängen. Man pflegt daher die Physiologie der Bewegungen auch als Reizphysiologie zu bezeichnen. Soweit sich äußere Reize nachweisen lassen, bezeichnet man die lokomotorischen Bewegungen als Taxien, die bei Mikroben vorherrschende Form der Krümmungsbewegungen als Tropismen. Als Reize kommen vor allem in Frage chemische Faktoren, Licht und Dunkelheit,

Wasser und Wasserdampfgehalt der Luft, Temperaturdifferenzen, der elektrische Strom, die Schwerkraft, von denen auch mehrere gleichzeitig das Verhalten bestimmen können. Bei autonomen Bewegungen läßt sich eine Beziehung zu einem äußeren Reiz nicht nachweisen.

Die Mittel zur Ausführung lokomotorischer Bewegungen sind recht mannigfaltig. Am häufigsten treffen wir auf Geißeln und Cilien. Plasmaströmungen, die auch innerhalb unbeweglicher Zellen unter der Einwirkung äußerer oder innerer Reize auftreten können, führen in Verbindung mit lokalen Änderungen der Oberflächenspannung zu lokomotorischen Bewegungen nackter Protoplasten. Auch die Ausscheidung quellbarer Gallert- oder Schleimsubstanzen aus der Zelle kann zu Bewegungen führen (Tab. 5). In anderen Fällen ist das Bewegungsmittel noch unbekannt, z. B. bei den Bewegungen der Spirochaeten oder einiger einzelliger Cyanophyceen (Planokokken) oder der Chlamydobakterien, deren Zellfäden bei *Leptothrix* aus der Scheide herauskriechen.

Tab. 5. Verbreitung verschiedener Bewegungsmittel bei Mikroben

Geißeln, Cilien	Plasmaströmung	Schleimausscheidungen	Kontraktionen, Knickungen u. andere Veränderungen der Zellgestalt mit Hilfe von Myonemen
Bakterien; Flagellaten; Zoosporen bei Algen u. Pilzen; Schwärmsporen (Myxoflagellaten) der Myxomyceten; bewegliche Gameten bei Algen, Pilzen, Protozoen; Ciliaten	Myxamöben u. Plasmodien d. Myxomyceten u. Acrasieen; Amöben u. andere Rhizopoden; amöboide Formen bei niederen Pilzen	Myxobakterien; Gregarinen(?); Cyanophyceen (*Hormogoneae*)	Gregarinen(?); viele Flagellaten und Ciliaten

I. Taxien

Von besonderem Interesse sind die Vorgänge bei der Geißel- und Cilienbewegung. Geißeln und Cilien bestehen aus Eiweiß und haben fibrilläre Struktur. Die Geißeln der Bakterien sind einfache Eiweißfibrillen. Die Geißeln der Pilz-Zoosporen und der Protozoen, desgleichen die Cilien der Protozoen haben einen wesentlich komplizierteren Bau: Sie bestehen aus Fibrillenbündeln, die in eine gallertige Grundsubstanz eingelagert sind. Das ganze wird von einer feinen Membran zusammengehalten. Während ihrer Bewegung spielen sich einseitige rhythmisch verlaufende Kontraktionen ab, deren Mechanik noch unklar ist. Nach dem äußeren Verlauf lassen sich verschiedene Formen des Bewegungsvorganges unterscheiden. Bei Vibrionen und Chromatien[1]) arbeiten die Geißeln, die meist zu einem Geißelschopf verklebt sind, am Hinterende der sich bewegenden Zelle, vergleichbar einer Schiffsschraube. Durch Kontraktion der Einzelgeißeln formiert sich der Geißelschopf zu einer Schraube, die 40 bis 60 Umdrehungen in der Sekunde ausführt und die Zelle vorwärts treibt. Bei einer Umkehr der Bewegung ändert sich nur die Drehungsrichtung der Schraube, die sich jetzt am Vorderende befindet. Bei den Zoosporen der Algen und bei vielen Flagellaten ist der geißeltragende Pol der Zelle nach vorn gerichtet; die Geißeln arbeiten nach Art eines Propellers oder Ruders. Euglenen erreichen auf diese Weise eine Geschwindigkeit von etwa 0,2 mm/sec. Schwimmt die Zelle rückwärts, was nur für kurze Zeit geschieht, so kehrt sich die Schwingungsrichtung der Geißeln um. Die beiden polaren Geißelbüschel eines Spirillums lassen im Dunkelfeld bei der Bewegung verschieden geformte Schwingungsräume erkennen. Sie versetzen den Zellkörper in Drehung, so daß er sich durch das Wasser vorwärts schraubt. Die Umkehr der Bewegung unter dem Einfluß äußerer Reize wird durch eine schlagartige Umschaltung des Bewegungsapparates bewirkt, wobei der Reiz nur auf eines der beiden Zellenden einzuwirken braucht. *Sp. volutans* kann

---

[1]) Die Chromatien, z. B. das häufig untersuchte *Chromatium okenii*, gehören zur Zahl der Schwefelpurpurmikroben, deren taxonomische Einordnung noch nicht geklärt ist.

mit etwa 40 Schwingungen der Geißelbündel und etwa 13 entgegengesetzt gerichteten Umdrehungen des Zellkörpers 100 μ je Sekunde zurücklegen. Nach dem Prinzip der Ruderbewegung arbeiten die Cilien der Infusorien. Der wirksame Schlag besteht in einem schnellen Umlegen der Cilien (Vorschlag), dem ein langsames Wiederaufrichten (Rückschwingung) folgt. Dieser Vorgang pflanzt sich wellenförmig über die in Längsreihen stehenden Cilien fort. Die Koordinierung der Cilienbewegung wird dadurch erreicht, daß die in einer Längsreihe stehenden Cilien durch eine längsverlaufende Fibrille miteinander verbunden sind; wie jedoch der Reiz von Cilie zu Cilie geleitet wird und die synchrone Bewegung verschiedener Cilienreihen zustande kommt, ist noch unklar. Da die Cilienreihen schräg zur Längsachse der Zelle angeordnet sind, rotiert gleichzeitig die Zelle um ihre Längsachse. *Paramaecium caudatum* bewegt sich z. B. mit einer Geschwindigkeit von etwa 3 mm/sec.

Bei den Taxien bestehen Beziehungen zwischen Reizgefälle und Bewegungsrichtung, allerdings nicht immer im Sinn einer gerichteten Anziehung oder Abstoßung. Im einen Fall (Unterschiedsreaktionen oder phobotaktische Reaktionen) kehrt sich die Bewegungsrichtung um, wenn die Zelle zufällig aus dem Bereich einer stärkeren in den einer schwächeren Reizwirkung kommt (positive phobotaktische Reaktion) oder wenn sie umgekehrt aus dem Bereich der schwächeren in den der stärkeren Reizung gelangt (negative phobotaktische Reaktion). Im anderen Fall (Einstellungsreaktionen oder topotaktische Reaktionen) besteht dagegen zwischen Richtung des Reizgefälles und Bewegungsrichtung eine Beziehung: Die Zelle schwimmt auf die Reizquelle zu oder von ihr fort. Das Resultat ist letzten Endes bei Unterschieds- und Einstellungsreaktionen das gleiche, nur kommt es auf verschiedene Weise zustande. Entscheidend für das Eintreten einer positiven oder negativen Reaktion sind der jeweilige physiologische Zustand des Organismus, ferner die Art und Stärke des Reizes, so daß es nicht selten zu Umstimmungen kommt.

Chemotaxis. Das Ansprechen auf chemische Reize ist bei beweglichen Mikroben allgemein verbreitet. Auslösende Reize sind Nährstoffe, Sauerstoff (Aerotaxis), H- und OH-Ionen, aber auch zahlreiche körperfremde, in der natürlichen Umgebung nicht auftretende Stoffe. Selbst Gifte können im Experiment positive Reaktionen auslösen, die Zellen sterben dann schließlich ab. Die Reaktionen sind also keineswegs immer zweckmäßig. Auf Chemotaxis beruht das Zustandekommen von lokalen Bakterienanhäufungen in flüssigen Medien (Bakterienplatten), wenn man eiweißreiche Substanzen, z. B. Erbsensamen, in einem Glaszylinder unter hoher Wasserschicht der Fäulnis überläßt: Bewegliche, aerobe Bakterien sammeln sich in einer Zone an, in der die Menge des im Wasser gelösten Sauerstoffs und die Menge der aufsteigenden, gelösten Nährstoffe die günstigsten Lebensbedingungen bieten. Positive Chemotaxis erleichtert den Zoosporen der an das Wasserleben angepaßten Pilze das Aufsuchen geeigneter Nährsubstrate. Auch bei der Infektion von Pflanzen durch Zoosporen pathogener Pilze oder durch geißelführende Bakterien sind chemotaktische Vorgänge beteiligt, ebenso bei der Anlockung beweglicher Sexualzellen. Die chemotaktische Empfindlichkeit ist je nach Art der Mikroben und der geprüften Substanzen recht verschieden. Bei *Polytoma uvella* üben noch Konzentrationen von 10^{-7} Mol Buttersäure und 10^{-8} Mol Ölsäure eine Reizwirkung aus. Bei Bakterien scheinen die Reizschwellen meist höher zu liegen. Die positive Aerotaxis beweglicher, aerober Bakterien läßt sich nachweisen, wenn man unter dem Mikroskop einen Algenfaden, der in bakterienhaltigem Wasser liegt, teilweise beleuchtet. Beim Einsetzen der Assimilation wird Sauerstoff frei. Die zuvor gleichmäßig verteilten Bakterien sammeln sich in dem beleuchteten Teil des Gesichtsfeldes an der Oberfläche des Algenfadens.

Positive Phototaxis ist verbreitet bei autotrophen, die Lichtenergie ausnutzenden Mikroben. Wir finden sie daher vor allem bei beweglichen Algen, Cyanophyceen, ferner bei Schwefelpurpur- und Purpurmikroben, Chlorophyll führenden Flagellaten. Bei Phytoflagellaten ist häufig ein Augenfleck (Stigma) vorhanden, der durch karotinoide Farbstoffe rötlich gefärbt ist und seiner Entstehung nach zu den Chromatophoren gestellt wird. Der Augenfleck liegt meist in der Nachbarschaft der Geißeln am vorderen Zellpol; er ist bei der Suszeption des Lichtreizes beteiligt.

Hydrotaxis. Die Plasmodien der Myxomyceten suchen, solange sie sich im vegetativen Zustand befinden, Orte höherer Feuchtigkeit auf, z. B. das Innere zersetzter Baumstümpfe, oder sie wandern in die Humusschichten des Waldbodens ein. Gleichzeitig ist gegenüber Lichtreizen eine negative Phototaxis vorhanden. Die Sporen- und Fruchtkörperbildung wird eingeleitet durch eine Umstimmung zur negativen Hydrotaxis, so daß die Plasmodien auf der Bodenoberfläche erscheinen oder an Holzstücken, Grashalmen hinaufkriechen, wo dann unter allmählicher Austrocknung die Sporen entstehen.

II. Tropismen

Krümmungsbewegungen können durch ungleichmäßiges Wachstum bewirkt werden, wenn z. B. an einem zylindrischen Organ, etwa am Stiel eines Pilzfruchtkörpers, entgegengesetzte Flanken ungleich schnell wachsen. Selbst einzelne gestreckte Pilzzellen, der Sporangienträger einer Mucoracee oder der schlauchförmige Ascus bestimmter Ascomyceten, können mit ungleichmäßiger Verteilung des Wachstums reagieren und Krümmungsbewegungen ausführen. Auch hier gibt es positive und negative Reaktionen.

Chemotropismus ist bei wachsenden Pilzhyphen verbreitet als Reaktion auf einseitige Zufuhr von Nähr- oder Reizstoffen. Positiv chemotropische Krümmungen erleichtern bei vielen pflanzenpathogenen Pilzen das Eindringen von Infektionshyphen in Spaltöffnungen. Chemotropische Reaktionen auf spezifische „Sexualstoffe" können auch im Ablauf von Sexualreaktionen bei Pilzen wirksam werden und z. B. bei Mucoraceen zum Kontakt der Kopulationshyphen führen (Zygotropismus).

Geotropismus. Werden junge, in der Entwicklung begriffene Fruchtkörper von Hutpilzen horizontal gelegt, so erfährt der wachsende Stiel eine negativ geotrope Krümmung, so daß der sich entfaltende Hut in seine normale Lage gebracht wird, selbst die Lamellen vieler Blätterpilze reagieren auf die Schwerkraft und stellen sich positiv geotrop ein; beides ist für die ungehinderte Ausstreuung der Sporen wichtig. In gleicher Weise reagieren Sporangienträger von Mucoraceen auf den Reiz der Schwerkraft, während sich das Mycel ageotrop verhält. Bisher ist nichts darüber bekannt, ob — wie beim Geotropismus der höheren Pflanzen — Wuchsstoffe das ungleiche Wachstum regulieren, das zur Krümmungsbewegung führt.

Phototropismus. Positive phototropische Reaktionen wurden z. B. nachgewiesen bei gestielten Fruchtkörpern von Ascomyceten und Basidiomyceten und bei einzelnen Ascusschläuchen im Apothecium der Discomyceten. Lichtreaktionen sind eingehend an den Sporangienträgern von *Phycomyces* und *Pilobolus* untersucht worden. Im Dunkeln wachsende Sporangienträger von *Phycomyces* reagieren auf allseitige Beleuchtung mit einer vorübergehenden Beschleunigung des Wachstums (Lichtwachstums-Reaktion) und auf Verdunklung nach vorhergegangener Belichtung mit der entgegengesetzten Reaktion. Einseitige Belichtung des wachsenden Sporangienträgers führt zur positiven phototrophen Krümmung. Bei *Pilobolus* stellt sich der keulenförmig verdickte Sporangienträger einer einseitig belichteten Kultur genau auf die durch einen schmalen Spalt einfallenden Lichtstrahlen ein und schleudert das reife Sporangium als Ganzes ab. In den Sporangienträgern der Mucoraceen scheint das als orangefarbenes Pigment vorhandene Karotin die lichtempfindliche Substanz zu sein, die den Lichtreiz aufnimmt. Es würden also ähnliche Beziehungen wie zwischen phototaktischer Reizbarkeit und karotinhaltigem rotem Augenfleck bei photoautotrophen Flagellaten bestehen. Eine Beziehung zu Wuchsstoffen (Heteroauxin) konnte beim Phototropismus der Pilze bisher nicht nachgewiesen werden.

III. Andere Bewegungsvorgänge

Cytoplasmaströmung spielt bei Pilzen im Zusammenhang mit dem Massentransport eine große Rolle und kann dazu führen, daß ältere Teile des Mycels bis auf geringe Reste völlig entleert werden. Die Strömungsgeschwindigkeit liegt etwa zwischen 10 und 50 μ in der Sekunde. Poren in den Querwänden, Fusionen zwischen den Hyphen, auch zwischen solchen verschiedener Mycelien, erleichtern in vielen Fällen den mit der Strömung verbundenen Transport von Nährstoffen zu den Stellen des Verbrauchs. Äußere Reize können zwar die Strömung beeinflussen, sind aber für ihre Auslösung nicht erforderlich. Als Mittel der Fortbewegung dient die Cytoplasmaströmung bei der amöboiden Bewegung und wahrscheinlich auch bei der Kriechbewegung der Diatomeen, bei denen das extrazelluläre, aus der Raphe austretende Cytoplasma wirksam ist. In den netzförmigen, feinen Rhizopodien der Foraminiferen und Radiolarien und in den strahlenförmigen Axopodien der Heliozoen, die vor allem der Nahrungsaufnahme dienen, findet ebenfalls eine lebhafte Plasmaströmung statt.

Epi- und Hyponastie, Seismonastie. Krümmungsbewegungen, die auf einem gesteigerten Wachstum der Ober- bzw. Unterseite dorsiventraler Organe beruhen (Epi- und Hyponastie), sind bei den Entfaltungsbewegungen der Knospen höherer Pflanzen verbreitet. Bei Mikroorganismen sind sie an der Entfaltung („Aufschirmung“) der Hüte von Pilzfruchtkörpern (Hymenomyceten) beteiligt. Beide verlaufen autonom. Seismonastie ist dagegen eine Reizbewegung, bei der im Gegensatz zu den Tropismen keine Beziehung zur Richtung des einfallenden Reizes besteht. Sie ist bei höheren Pflanzen an bestimmte anatomische Strukturen und an Veränderungen des Turgors gebunden. Bei Mikroorganismen kann man von Seismonastie bei festsitzenden Ciliaten wie *Carchesium*, *Vorticella* oder *Zoothamnium* sprechen, die auf Erschütterungen oder Berührungen stets mit der gleichen, durch die Struktur der Zelle (besonders des Stieles) bedingten Kontraktionsbewegung reagieren.

Schleuderbewegungen finden wir häufig bei Pilzen. Sie wirken bei der Entleerung von Sporen aus Sporenbehältern und bei der Ablösung von Sporangien und Konidien mit und beruhen meist darauf, daß bestimmte Teile der Zellmembran überdehnt werden und schließlich platzen. Bei den Sporangienträgern von *Pilobolus* reißt der obere blasenförmig erweiterte und stark gedehnte Teil des Trägers unterhalb der Columella in einer ringförmigen, nicht dehnbaren Zone, so daß schließlich das Sporangium mit seiner Columella mit einer Anfangsgeschwindigkeit von etwa 14 m/sec. bis auf Entfernungen von etwa 2 m abgeschleudert wird. Bei zahlreichen Pyrenomyceten und Discomyceten führt der zunehmende Turgor des Ascus dazu, daß die reifen Ascosporen aus einer am Scheitel des Ascus entstehenden Öffnung ausgeschleudert werden. Die Basidiosporen in den Hüten der Hymenomyceten werden in horizontaler Richtung abgeschleudert, allerdings nur über Bruchteile von mm, so daß sie noch zwischen den Lamellen oder in den Röhren des Hymeniums, dessen Wachstum durch positiven Geotropismus reguliert wird, zum freien Fall übergehen.

Hygroskopische Bewegungen werden durch Quellen und Austrocknen von toten Zellen oder von Zellwänden hervorgerufen. Sie sind bei Gastromyceten, z. B. bei *Astraea*, am Aufreißen der Fruchtkörperhülle (Peridie) und am Ausstreuen der Sporen beteiligt. Auch die Capillitium-Fasern im Fruchtkörper von Myxomyceten und von Gastromyceten scheinen hygroskopische Bewegungen auszuführen.

E. Ökologie

I. Synergismus, Antagonismus und Metabiose

1. Grundbegriffe

Wir treffen Mikroorganismen in der Natur höchst selten in Reinkulturen an. Allermeist leben Arten ganz verschiedener taxonomischer Zugehörigkeit miteinander in Lebensgemeinschaften (Biozönosen) an bestimmten Standorten (Biotopen). Entscheidend sind Lebensweise und Ernährungsansprüche; man bezeichnet Organismen, die sich auf diese Weise zusammenfinden, als Kommensalen („Tischgenossen") und das gemeinsame Auftreten als Kommensalismus. Zwischen den einzelnen Mitgliedern einer solchen Lebensgemeinschaft, in die auch höhere Pflanzen und Metazoen einbezogen sein können, ergeben sich mannigfaltige Wechselbeziehungen.

Gehen wir der Art dieser Beziehungen nach, so finden wir schon unter einfachsten Verhältnissen im Laboratorium, etwa bei der gemeinsamen Kultur verschiedenartiger Pilze und Bakterien in einer Petrischale oder beim Nebeneinander verschiedener Kolonien gleicher Artzugehörigkeit, daß die gegenseitige Beeinflussung auf eine Förderung oder Hemmung des Wachstums oder auf eine Abtötung des einen durch den anderen hinauslaufen kann. In anderen Fällen stellen wir fest, daß ein Substrat erst dann Nährwert für eine bestimmte Art von Mikroben erhält, wenn es zuvor durch eine andere Art chemisch verändert worden ist.

Wir bezeichnen als Synergismus die Förderung, als Antagonismus oder Antibiose die Hemmung oder Abtötung, als Metabiose das aufeinander folgende Auftreten verschiedener Mikroben.

Synergismus liegt z. B. vor, wenn sich das obligat anaerobe *Clostr. pasteurianum* in Mischkulturen mit Aerobiern bei ungehindertem Luftzutritt zu entwickeln vermag. Das Wachstum von *Haemophilus influenzae*, der gemeinsam mit dem Influenza-Virus vorkommt, wird auf Blutagar durch die Gegenwart von *Staphyloc. aureus* erheblich gefördert, so daß jede Staphylokokken-Kolonie von *Haemophilus*-Kolonien umgeben ist, die besser wachsen als die weiter entfernten Kolonien. Der Synergismus kann sich auch darin äußern, daß Nährsubstrate nur von bestimmten Mikroben gemeinsam verwertet werden können oder bestimmte Stoffwechselprodukte nur bei gemeinsamer Lebenstätigkeit entstehen. *Esch. coli* und *Proteus vulgaris* wachsen gemeinsam auf Harnstoff-Laktose-Nährböden; *Proteus* vermag Harnstoff zu spalten, nicht Laktose, bei *Escherichia* liegen die Verhältnisse umgekehrt: Beide ergänzen sich und verwerten die Spaltprodukte. *Mucor ramannianus* und *Rhodotorula rubra* wachsen in Mischkultur in einem Thiamin-freien Medium, das bei Reinkultur für beide Pilze kein Wachstum zuläßt. Beide sind Thiamin-heterotroph, vermögen jedoch ihren Thiaminbedarf aus den Komponenten Pyrimidin + Thiazol zu decken, von denen das erste vom *Mucor*, das zweite von der *Rhodotorula* synthetisiert und an die Nährlösung abgegeben wird. *Shigella flexneri* aus der Gruppe der Ruhrbakterien bildet nur bei gemeinsamer Entwicklung mit *Bact. morgani*, einem *Proteus vulgaris* nahestehenden Organismus, Gas aus Mannit oder Maltose.

Auf Antagonismus beruht die Erscheinung, daß Kolonien von Bakterien oder Pilzen, die sich gemeinsam in einer Petrischale entwickeln, in bestimmten Fällen von Hemmungszonen umgeben sind, in die benachbarte Kolonien nicht einzuwachsen vermögen. So wird das Wachstum einer *Sclerotinia*-Kolonie durch *Aspergillus*- oder *Penicillium*-Kolonien gehemmt, die ihrerseits ungehindert in die *Sclerotinia*-Kolonie einwachsen. Selbst zwischen benachbarten Kolonien derselben Art können Hemmungsräume auftreten. Staphylokokken werden durch benachbarte Kolonien von *Pen. notatum* und einigen anderen *Penicillium*-Arten gehemmt und schließlich abgetötet, eine Beobachtung, die 1928 von Fleming gemacht worden ist und zur Entdeckung des Penicillins führte. Bei Kultur von Leuchtbakterien äußert sich der Antagonismus darin, daß in der Petrischale frei gelegene Kolonien stärker leuchten als andere, die auf allen Seiten von Nachbarkolonien umgeben sind.

Auch bei Infektionen erlangen Synergismus und Antagonismus Bedeutung, wenn z. B. bei Wundinfektionen *Ps. aeruginosa* hemmend auf die Entwicklung von Streptokokken einwirkt, oder wenn umgekehrt Spirochäten und Fusobakterien bei Mischinfektion eine schwere Entzündung der Mandeln (Angina Plaut-Vincenti) hervorrufen und das Influenza-Virus bei Influenza-Epidemien gemeinsam mit *Haemophilus-influenzae* oder Pneumokokken auftritt.

Ganz verschiedene Ursachen liegen diesen Erscheinungen zugrunde. Im einfachsten Fall hält schon der Verbrauch der Nährstoffe oder lebensnotwendiger Wirkstoffe im Substrat das Wachstum benachbarter Kolonien auf. In anderen Fällen sind ungünstige Veränderungen des Nährbodens, etwa die Bildung schädlicher Stoffwechselprodukte, die in den Stoffwechsel der gehemmten Art eingreifen, die Ursache antagonistischer Erscheinungen. Im Beispiel der Mischkultur von Aerobiern und Anaerobiern ermöglicht die Spaltung des bei Sauerstoffgegenwart entstehenden H_2O_2 durch die Katalase der Aerobier den Anaerobiern das Wachstum. Die Förderung von *Haemophilus influenzae* beruht auf der Lieferung eines Porphyrins und einer Codehydrase durch die Kokken. Im Beispiel *Mucor* und *Rhodotorula* ist die Versorgung mit Wirkstoffen gegenseitig, da beide sich im Thiamin-freien Medium ergänzen.

Eine Metabiose zeigt sich im Nitrifikationsprozeß in der Aufeinanderfolge des Nitrit- und Nitratbildners. Sie spielt eine Rolle bei Mischgärungen. Die Vergärung eines stärkehaltigen Substrates wird dadurch eingeleitet, daß zuvor ein Diastase erzeugender Pilz die Stärke verzuckert und dadurch das Substrat für die alkoholische Gärung vorbereitet (Verzuckerung der Reisstärke durch *Asp. oryzae* bei der Bereitung von Reiswein, Saké, in Ostasien).

2. Abbau hochmolekularer Naturstoffe

Wohl die wichtigste Aufgabe der Mikroben in der Natur liegt darin, daß sie die beim Absterben von Lebewesen ständig anfallenden, großen Mengen toter organischer Substanzen vorwiegend im Betriebsstoffwechsel abbauen und schließlich mineralisieren, d. h. in einfache anorganische Verbindungen überführen, die ihrerseits wieder vor allem den höheren Pflanzen als Nährstoffe und damit erneut zum Aufbau organischer Verbindungen dienen.

Da der Abbau neben der Energiegewinnung auch der Erschließung von Nährstoffen für die beteiligten Mikroben dient, geht ein Bruchteil der organischen Verbindungen in die Körpersubstanz der Mikroben über und wird dort vorübergehend festgelegt. Fast ausnahmslos sind zahlreiche Arten von Mikroben, insbesondere von Eubakterien und Pilzen, am Abbau beteiligt. Da sie untereinander in den verschiedensten Wechselbeziehungen stehen, ergeben sich zahlreiche Beispiele für Synergismus, Antagonismus und Metabiose. Die Mineralisation vollzieht sich also nicht gradlinig, sondern in zahlreichen Stufen und Varianten, die von den herrschenden Bedingungen und der beteiligten Lebensgemeinschaft von Mikroben abhängen.

Die Abbauvorgänge, die sich an Proteiden, Proteinen, Polysacchariden, Fetten, aber auch an Alkaloiden, Gerbstoffen usw. abspielen, greifen ineinander ein, da unter natürlichen Verhältnissen die Ausgangssubstanzen überwiegend in Gemischen vorliegen.

Bei allen durch die chemische Beschaffenheit der Ausgangssubstanzen bedingten Unterschieden treffen wir doch insofern auf gemeinsame Züge, als der Abbau zusammengesetzter, unter Wasserabgabe entstandener Verbindungen meist durch hydrolytische Spaltungen eingeleitet wird. So werden Fette in Fettsäuren und Glycerin, Polysaccharide bis zu einfachen Zuckern (Hexosen, Pentosen), Proteine bis zu α-Aminosäuren aufgespalten. Proteide werden zunächst in Protein-Anteil und prosthetische Gruppe zerlegt, deren weiterer Abbau ebenfalls, je nach ihrer chemischen Beschaffenheit, durch hydrolytische Vorgänge eingeleitet werden kann. In einem zweiten Abschnitt werden die bereits wesentlich verkleinerten organischen Moleküle durch desmolytische Vorgänge vollends zerstört. Beispiele hierfür sind im Abschnitt Betriebsstoffwechsel (Teil I, S. 70) besprochen worden. Die einfachsten organischen Spaltprodukte und die anorganischen Endprodukte unterliegen, soweit sie noch nicht vollständig oxydiert sind, meist weiteren Umwandlungen durch C-autotrophe, photosynthetisch oder chemosynthetisch arbeitende Mikroorganismen, so wird CH_4 zu CO_2, H_2 zu H_2O, H_2S zu Sulfat und NH_3 in der Nitrifikation zu Nitrat oxydiert.

Wesentlich für den Verlauf der desmolytischen Phase ist die Beziehung zum Sauerstoff. Unter aeroben Bedingungen verläuft der Abbau rasch bis zu den anorganischen Endstufen (Verwesung). Beim Abschluß des Luftsauerstoffs tritt eine Verzögerung ein. Durch Oxydoreduktionen wird zwar ein Teil des Ausgangsmaterials völlig abgebaut, daneben bleiben jedoch organische Verbindungen zunächst zurück, beim anaeroben Abbau von Eiweißkörpern z. B. organische Säuren. Merkaptane, Skatol, Indol (Fäulnis). Es ist bemerkenswert, daß die Mehrzahl der Abbauvorgänge nicht durch Spezialisten, sondern durch eine Vielzahl von bekannten und verbreiteten

Arten durchgeführt wird, so etwa der Abbau der Proteine durch Fäulnisbakterien, der Abbau von Fettsäuren durch zahlreiche Pilze, Bakterien, Protozoen, die Umwandlung von Harnstoff in Ammoniumkarbonat („Harnstoffgärung") durch *Proteus vulgaris*, *Serratia marcescens*, *Micrococcus ureae*, *Sarcina ureae* und andere oder der aerobe, weniger der anaerobe Abbau von natürlichen und selbst synthetischen Kohlenwasserstoffen durch zahlreiche Bakterien, Actinomyceten und Pilze. Dies gilt in noch ausgeprägterem Maß für die im Betriebsstoffwechsel bevorzugten Kohlenhydrate, von denen vor allem einige Hexosen von der Mehrzahl der Mikroben verwertet werden können. Ausgesprochene Spezialisten treffen wir dagegen bei der Sprengung aromatischer und heterozyklischer Ringsysteme, wie sie beim Abbau der Nukleinsäuren (Purinbasen, Pyrimidinbasen) oder gewisser Aminosäuren (Tryptophan, Tyrosin usw.) auftreten. Verhältnismäßig gering ist auch die Zahl der Arten, die biogene Amine – besonders die einfachen Alkylamine (Methyl- und Aethylamine) – anzugreifen vermögen (*Protaminobacter*-Arten, *Nocardia salmonicolor* usw.).

Eine gesetzmäßige Aufeinanderfolge (Metabiose) bestimmter Mikroben läßt sich z. B. beim Abbau frischer Milch bei Luftzutritt verfolgen. Wir finden in der Milch ein Organismengemisch, in dem vor allem Milchsäurebakterien, Mikrokokken, Hefepilze, Schimmelpilze (Mucoraceen, Aspergillaceen), *Oidium lactis* je nach den hygienischen Verhältnissen bei der Gewinnung der Milch in wechselnden Mengen vertreten sind. Dazu kommen Bakterien der *coli-aerogenes*-Gruppe, Buttersäurebakterien, Bakterien der Eiweißfäulnis und aerobe Sporenbildner. Auch pathogene Bakterien (*Mycobact. tuberculosis*, *Salmonella typhosa*, *Brucella abortus*) können in der Milch enthalten sein. Die Abbauvorgänge erstrecken sich auf die Kohlenhydrate (Laktose, Glukose), die Eiweißkörper (darunter das Phosphoproteid Kasein) und auf das Milchfett. Der gesamte Verlauf, der sich je nach der Temperatur, dem Keimgehalt und der sonstigen Beschaffenheit der Milch innerhalb von Wochen oder Monaten z. B. nach dem folgenden Schema abspielt, wird durch die Lebenstätigkeit der Milchsäurebakterien gelenkt. Der zunehmende Säuregehalt schaltet die Vermehrung säureempfindlicher Bakterien der Eiweißfäulnis aus, so daß die Eiweißkörper zunächst vor einem weitergehenden Abbau geschützt sind. Auch die Labbildenden Bakterien werden gehemmt. Wenn die Reaktion etwa pH = 4,8 – 4,6 erreicht hat, wird das Kasein als Quark aus einer Calciumkaseinat-Verbindung ausgefällt, der flüssige Anteil ist die schwach gelbgrün gefärbte Lactoflavin-haltige Molke: die Frischmilch ist in Sauermilch übergegangen. Etwa bei pH = 4,4 – 3,9 stellen auch die Milchsäurebakterien ihre Vermehrung ein. Nun beginnt von der Oberfläche her der Säureabbau. Vorübergehend kann der Säuregehalt wieder ansteigen, auch Buttersäurebakterien und Propionsäurebakterien treten unter Verarbeitung von Zucker und Laktat in Aktion. Allmählich steigt schließlich die pH-Zahl wieder und überschreitet den Neutralitätspunkt, so daß nun auch säureempfindliche Bakterien an der in Gang gekommenen Proteolyse teilnehmen können: Die Milch fault. Nebenher laufen eine unbedeutende alkoholische Gärung durch Laktose-vergärende Hefepilze und die hauptsächlich durch Bakterien bewirkte Zersetzung des Milchfettes.

Rohe Milch
pH = 6,5–6,8

↓

Kurzer einleitender Angriff auf die Eiweißkörper (Peptonisierung) durch *Bac. subtilis mesentericus* usw., der durch beginnende Säurebildung blockiert wird.

↓

Abbau der Kohlenhydrate durch Milchsäurebakterien.

↓

Erstes Säuremaximum (Stadium der Sauermilch) pH = 4,8–3,9

↓

Säureabbau durch *Oidium*, *Rhizopus*, *Mucor*

↓

Erneute Säurebildung durch Milchsäure-, Buttersäure- und Propionsäurebakterien.

↓

Zweites Säuremaximum

↓

Abbau der organischen Säuren aus den sauren Gärungen und der beginnenden Fettspaltung durch Aspergillaceen, *Dematium*, Bakterien. Anstieg der Reaktion auf
pH > 7

↓

Eiweißzersetzung durch Bakterien und Pilze.

3. Beteiligung der Mikroben am Kreislauf der Elemente

Die beiden Pole, um die sich im biologischen Bereich der Kreislauf der Stoffe bewegt, sind die grünen Pflanzen und die heterotrophen Mikroorganismen. Mit Hilfe ihrer umfassenden Autotrophie, die sich auf die Verwertung von CO_2 und von anorganischen N-Verbindungen und auf die Synthese or-

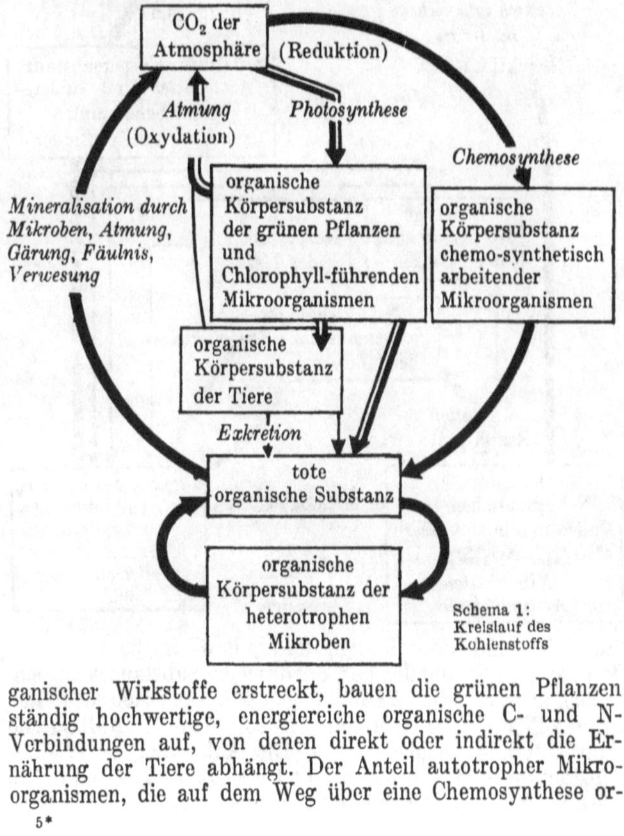

Schema 1: Kreislauf des Kohlenstoffs

ganischer Wirkstoffe erstreckt, bauen die grünen Pflanzen ständig hochwertige, energiereiche organische C- und N-Verbindungen auf, von denen direkt oder indirekt die Ernährung der Tiere abhängt. Der Anteil autotropher Mikroorganismen, die auf dem Weg über eine Chemosynthese organische Substanzen aufbauen, ist demgegenüber gering. Die Rolle der heterotrophen Mikroorganismen, besonders der

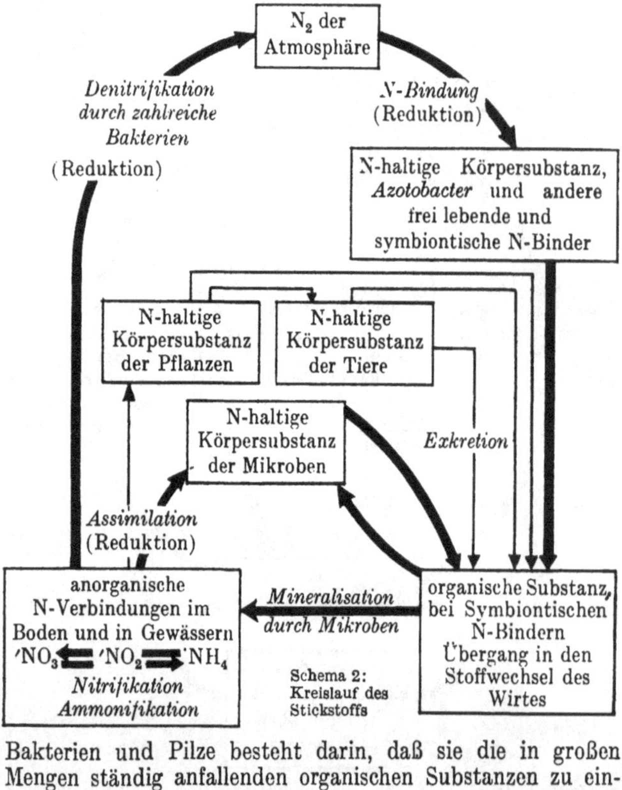

Schema 2: Kreislauf des Stickstoffs

Bakterien und Pilze besteht darin, daß sie die in großen Mengen ständig anfallenden organischen Substanzen zu einfachen anorganischen Verbindungen abbauen, die erneut den grünen Pflanzen als Nährstoffe dienen. So greifen Aufbau und Abbau ständig ineinander ein. Die Anhäufung organischer Substanzen in großen Mengen und über lange Zeitabschnitte, etwa als Kohle oder Erdöl, ist eine Ausnahme.

a) Kreislauf des Kohlenstoffs (Schema 1)[1])

Zwischen dem CO_2-Vorrat der Atmosphäre und der toten organischen C-haltigen Substanz sind auf der einen Seite die grünen Pflanzen mit ihrer Fähigkeit zur Photosynthese eingeschaltet, auf der anderen Seite die Mikroben, die in ihrem Betriebsstoffwechsel die Mineralisation durch Atmung (gemeinsam mit grünen Pflanzen und Tieren), Gärung, Fäulnis, Verwesung bewirken. Ein Bruchteil der organischen C-Verbindungen wird in der Körpersubstanz der Mikroben festgelegt.

b) Kreislauf des Stickstoffs (Schema 2)

Zur Verwertung des elementaren Stickstoffs sind nur N-bindende Mikroben befähigt. Für die Ernährung der grünen Pflanzen ist der Vorrat des Erdbodens an gebundenem Stick-

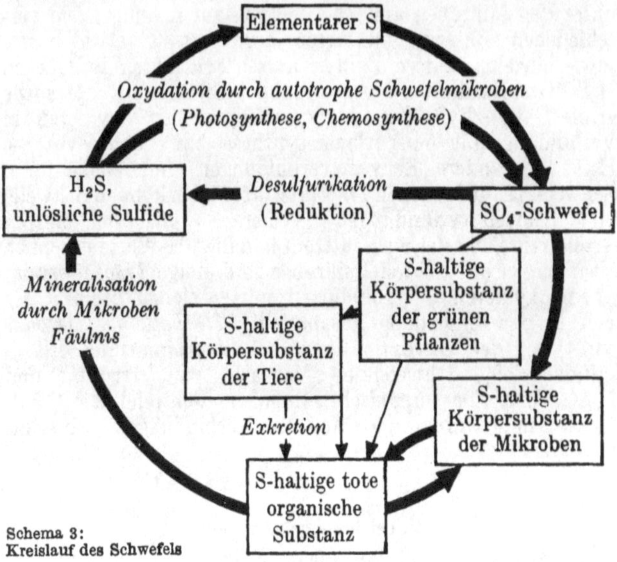

Schema 3:
Kreislauf des Schwefels

[1]) Der Anteil der Mikroben ist in Schema 1-3 durch dicke Linien hervorgehoben.

stoff, besonders an NO_3-Stickstoff, entscheidend, soweit sie nicht mit N-bindenden Mikroorganismen in Symbiose leben. Der Stickstoff der toten organischen Substanz und der tierischen Ausscheidungen wird durch die Tätigkeit der Mikroben mineralisiert, d. h. zu NH_3-Stickstoff abgebaut. Die nitrifizierenden Bakterien bewirken die Überführung des NH_3-Stickstoffs in NO_3-Stickstoff, der in erster Linie als N-Quelle für die höheren Pflanzen in Frage kommt. Elementarer Stickstoff wird wieder frei gemacht durch die Denitrifikation. Bei der Ammonifikation wird NO_3-Stickstoff bis zu NH_3-Stickstoff reduziert.

c) *Kreislauf des Schwefels* (Schema 3)

Auf anorganischem Gebiet sind zahlreiche Spezialisten unter den Mikroben am Schwefelkreislauf beteiligt. Die verschiedenen Rassen und Arten der Gattung *Desulfovibrio* sowie einze'ne andere Bakterienarten reduzieren Sulfate zu H_2S (Desulfurikation). Autotrophe farblose und rote sowie grüne Chlorophyll-führende Schwefelmikroben oxydieren in Verbindung mit einer Chemosynthese bzw. Photosynthese H_2S und andere Schwefelverbindungen und elementaren Schwefel zu Sulfat. Auch *Thiobacterium*-Arten können Schwefel und Schwefelverbindungen oxydieren, wobei bei einigen Arten freie Schwefelsäure entsteht und die pH-Werte erheblich absinken. Grüne Schwefelmikroben und einige *Thiobacterium*-Art n oxydieren S-Verbindung n nur zu elementarem S. der sich in d r Umgebung ansamme't. *Thiobact. ferrooxidans* wirkt bei der Oxydation natürlich vorkommender Eisensulfide (FeS_2, Schwefelkies, Markasit) zu Ferrisulfat und H_2SO_4 mit. Der organisch gebundene Schwefel der S-haltigen Aminosäuren und anderer Verbindungen wird als H_2S frei.

4. Lebensgemeinschaften

In der Natur sind vor allem Erde, Gewässer und ihre Schlammablagerungen, Dungstätten und manche Abwässer

Standorte, an denen sich Mengen verschiedenartiger Mikroben vereinigen. Der Darmkanal der Fleisch- und Pflanzenfresser, Milch und Molkereiprodukte, die zuckerhaltigen Saftflüsse der Holzgewächse, das im Wald vermodernde Holz und zahlreiche andere Standorte weisen charakteristische Gesellschaften (Biocönosen) von Mikroben auf.

a) Boden, Wasser, Luft

Der Boden ist eine der wichtigsten Vermehrungsstätten der Mikroorganismen. Von hier aus findet eine ständige Keimverbreitung statt, teils auf direktem Weg durch Bodenteilchen, teils auf dem Weg über das Wasser oder die Luft.

Meist sind es ruhende Zellen, die verschleppt werden. Von der Art der Unterlage, auf die sie schließlich gelangen, und von den allgemeinen Lebensbedingungen hängt es ab, ob sie absterben, im Ruhezustand bleiben oder in eine Periode des Wachstums und der Vermehrung eintreten.

Sämtliche großen taxonomischen Gruppen sind im Boden vertreten: Eubakterien, Actinomyceten, Myxobakterien, Schleimpilze, Pilze aller Klassen, Cyanophyceen, echte Algen, besonders Chlorophyceen und Diatomeen und schließlich Protozoen, unter ihnen vor allem Rhizopoden, weniger Flagellaten und Ciliaten.

Ebenso mannigfaltig ist die Zugehörigkeit zu ernährungsphysiologischen Gruppen: Wir finden Heterotrophe und Autotrophe, Aerobier und Anaerobier, Saprophyten und Parasiten, Arten, die in bezug auf ihre Ernährung hochspezialisiert sind und andere, die sich in den weitesten Grenzen an verschiedenartige Nährstoffe anpassen können. Wir finden z. B. stickstoffbindende und nitrifizierende Bakterien, während denitrifizierende im allgemeinen zurücktreten und in größerer Menge im Dünger vorkommen. Zahlreiche Bakterien und Pilze bilden bei der Zersetzung von Aminosäuren, Harnstoff und Purinkörpern Ammoniak und aus schwefelhaltigen organischen Verbindungen (Aminosäuren) Schwefelwasserstoff, der bei ausreichender Sauerstoffversorgung zu Schwefelsäure oxydiert wird und sich daher im Boden meist nicht anhäuft. Schließlich sind stets vorhanden aerobe und anaerobe Zellulose spaltende Pilze und Bakterien, Humus bildende und Humus abbauende Mikroben, Arten, die organische Säuren abbauen. Auch der Geruch frischer Erde ist auf die Lebenstätigkeit von Mikroben, besonders von Actinomyceten, zurückzuführen.

Aus vergleichenden Untersuchungen an Kulturböden und an nichtgedüngten Wildböden im Naturzustand geht hervor, daß es zwei ökologische Gruppen von Bakterien im Boden gibt: Die anspruchslosen, für Wildböden charakteristischen langsam wachsenden Arten der „autochthonen" Bodenflora und die mannigfaltig zusammengesetzte „zymogene" Bakterienflora. Die letztere herrscht in Kulturböden vor, reagiert auf die Zufuhr leicht assimilierbarer organischer Nährstoffe und mineralischer Dünger mit kräftiger Vermehrung und erschwert bei Keimzählungen auf Nährböden den Nachweis der autochthonen Bodenbakterien. Zu den Autochthonen gehören besonders *Arthrobacter*-Arten, ferner Actinomyceten aus den Gattungen *Streptomyces*, *Nocardia*, *Mycococcus*. Die Verteilung im Boden ist keineswegs gleichmäßig. Jede Pflanzenwurzel, jeder organische Rest, sei es ein toter Regenwurm, abgestorbenes Pflanzengewebe oder ein Stallmist-Teilchen, aber auch Körnchen eines mineralischen Düngers bewirken an ihrer Oberfläche oder in ihrer nächsten Umgebung eine Ansammlung von sich vermehrenden Mikroben, während einige cm von solchen Mikrostandorten entfernt der Keimgehalt wesentlich niedriger sein kann und zahlreiche Zellen sich in einem Ruhezustand befinden. Auf engstem Raum können die Keimzahlen im Boden also erhebliche Schwankungen aufweisen, und ebenso ändert sich die Zusammensetzung der Biocönosen. Über die Verteilung und die Wuchsform von Mikroorganismen im Boden gewinnt man Anhaltspunkte, wenn man Objektträger für einige Zeit im Boden auslegt, so daß sie von Mikroorganismen bewachsen werden und sie nach Fixierung und Färbung untersucht (Methode der Aufwuchsplatten).

In einem nicht zu wasserreichen, gut durchlüfteten Boden ist die Mehrzahl der Bodenmikroben als Aufwuchs an die Oberfläche der Bodenteilchen gebunden; dies gilt besonders für die Bakterien, die hier häufig kleine, wenigzellige Kolonien bilden. Pilze entwickeln, wie die direkte mikroskopische Untersuchung von Bodenproben im Auflicht erkennen läßt, ihre Fruktifikationsorgane in den Lufträumen zwischen den Bodenpartikeln.

Neben den unmittelbaren, vom Angebot an Nährstoffen ausgehenden Einflüssen wirken noch eine Reihe anderer Faktoren auf Verteilung und Menge der Mikroben im Boden ein: Wir erwähnen die klimatischen Faktoren, Tiefenlage, Durchlüftung, Wassergehalt, Reaktion, chemische und physikalische Beschaffenheit des Bodens.

Ungleichmäßige Verteilung und Zugehörigkeit zu ganz verschiedenen ernährungsphysiologischen Gruppen sind die Ursachen dafür, daß es auch heute noch nicht gelingt, die in einer bestimmten Bodenmenge enthaltenen Keime zahlenmäßig einigermaßen genau zu erfassen und zu identifizieren, obgleich zahlreiche Methoden zur Verfügung stehen.

Auf festen Nährsubstraten, wie Fleischbouillonagar oder Würzeagar, oder auf Spezialnährböden werden meist Bakterien und Pilze nachgewiesen. Nur ein Bruchteil der vorhandenen Keime kommt zur Entwicklung. Im Verdünnungsverfahren mit Nährlösungen lassen sich vor allem Bakterien, Protozoen und bodenbewohnende Algen erfassen. Hierbei wird die größte Verdünnung einer Bodenaufschwemmung bestimmt, bei der durch Trübung, durch Einleitung chemischer Umsetzungen (z. B. NH_3-Abspaltung aus einer peptonhaltigen Nährlösung) oder Grünfärbung (Algen) die Anwesenheit von Mikroorganismen noch nachgewiesen werden kann. Wesentlich höhere Keimzahlen ergeben sich bei der unmittelbaren mikroskopischen Untersuchung fixierter und gefärbter Bodenausstriche, wobei allerdings lebende und tote Zellen nicht unterschieden werden können (Tab. 6). Auch mit Hilfe fluoreszierender Farbstoffe gelingt dies nicht mit der erforderlichen Sicherheit.

Tab. 6. Keimgehalt von Böden in Millionen je g Erde nach verschiedenen Methoden ermittelt (nach KÜHLMORGEN-HILLE **aus** RIPPEL-BALDES)

Bodenart	pH	Plattenverfahren	Verdünnungsverfahren mit Peptonlösung	direkte mikroskopische Zählung	
				nach *Conn*	nach *Winogradsky*
Acker	5,0	73	100	200	305
Sumpf ...	4,6	10	25	90	605
Bruch ...	2,8	2	5	101	399

Wie im Boden, so sind auch im Wasser alle Gruppen von Mikroben vertreten, und ebenso mannigfaltig ist die Art der sich abspielenden chemischen Umsetzungen. Trotzdem sind gewisse Unterschiede zwischen beiden Standorten vorhanden.

Unter den Eubakterien des Wassers fallen Leuchtbakterien und die lebhaft beweglichen Pseudomonaden, Vibrionen und Spirillen auf. Die Zahl der farbstoffbildenden Arten ist größer als im Boden. Häufig trifft man auf Arten, die charakteristische, schleimige Zooglöen bilden. Die N-Bindung durch freilebende Mikroben spielt im Wasser eine größere Rolle, während die Nitrifikation zurücktritt. Auf Denitrifikation treffen wir häufiger als in den meist gut durchlüfteten oberen Bodenschichten. Photosynthese spielt eine wesentlich größere Rolle als im Boden. Die autotrophen Schwefel- und Eisenmikroben sind im Wasser zahlreicher vertreten als im Boden. Auf die Lebenstätigkeit desulfurizierender Bakterien ist die Bildung von H_2S und die Ablagerung von schwarzem Schwefeleisen in eisenhaltigem Schlamm zurückzuführen. Eiweißfäulnis in Sedimenten, die reich an organischen Resten sind, z. B. Abwasserschlamm aus Kläranlagen, ist ebenfalls eine Quelle für die Entstehung von H_2S. Eisenmikroben sind an der Ausfällung von $Fe(OH)_3$ und an der Ablagerung von Raseneisenstein beteiligt. Algen und zahlreiche Bakterien tragen durch die Ausfällung von $CaCO_3$ in Verbindung mit verschiedenen

Stoffwechselprozessen wie Photosynthese, Desulfurikation zur Bildung von Kalkstein-Ablagerungen bei (Tab. 7), desgleichen die auf dem Meeresboden sich anhäufenden Kalkschalen der Foraminiferen und anderer Protisten. Chlamydobakterien haben im Wasser ihren Hauptstandort, während Actinomyceten im Boden reichlicher vorhanden sind.

Tab. 7. Beispiele für die Fällung von $CaCO_3$ durch Mikroorganismen

Vorgang	Verlauf	Verbreitung
CO_2-Assimilation durch Photosynthese und Chemosynthese	$Ca(HCO_3)_2 = \underline{CaCO_3} + CO_2 + H_2O$	Chlorophyllhaltige Mikroorganismen, C-autotrophe Bakterien mit Chemosynthese
Umsetzung mit Ammoniak aus Fäulnisvorgängen	$2\,NH_4OH + Ca(HCO_3)_2 = \underline{CaCO_3} + 2\,H_2O + (NH_4)_2CO_3$ $(NH_4)_2CO_3 + CaSO_4 = \underline{CaCO_3} + (NH_4)_2SO_4$	heterotrophe NH_3-bildende Bakterien
Denitrifikation	$4\,NaNO_3 + 5$ C/org. Substanz $+ 2\,H_2O = 4\,NaHCO_3 + 2\,N_2 + CO_2$ $2\,NaHCO_3 + CaSO_4 = \underline{CaCO_3} + Na_2SO_4 + CO_2 + H_2O$	Denitrifizierende Bakterien
Desulfurikation	$CaSO_4 + 2$ C/org. Substanz $+ H_2O = \underline{CaCO_3} + CO_2 + H_2S$	Desulfurizierende Bakterien
Methangärung	$(CH_3COO)_2\,Ca + H_2O = \underline{CaCO_3} + 2\,CH_4 + CO_2$	Methanbakterien

Auch die Pilze treten weniger hervor als im Boden. Man trifft auf Phycomyceten, die in ihrer Fortpflanzung noch eng an das Wasser gebunden sind (Zoosporen bei Archimyceten und Oomyceten), aber auch höhere Pilze — besonders Hefeformen und Pyrenomyceten — und Fungi imperfecti fehlen nicht; sie sind im Meerwasser und in Süßwasser z. B. auf abgestorbenem Holz, Pflanzenresten, an Tauwerk gefunden worden.

Im Wasser und seinen Ablagerungen sind die Standorte der Mikroorganismen mannigfaltiger als im Boden. Auch die Mannigfaltigkeit der Formen ist größer, da Cyanophyceen, einzellige Algen, Protozoen, besonders Ciliaten, Rhizopoden und viele Unterordnungen der Flagellaten hinzukommen, die im Boden schwächer vertreten sind oder fehlen. Neben dem Nährstoffgehalt beeinflussen zahlreiche andere physikalische und chemische Faktoren sowie biotische Faktoren, wie Antagonismus und Synergismus, in vielfachen Wechselwirkungen die Zusammensetzung der Lebensgemeinschaften. Während für die Heterotrophen organische Nährstoffe in erster Linie entscheidend sind, spielt bei den Chlorophyll-führenden Autotrophen Licht die entscheidende Rolle. Reaktion des Wassers, Salzgehalt, Sauerstoffgehalt, Fehlen oder Vorhandensein von Schwefelwasserstoff, Temperatur, Jahreszeit sind weitere wichtige Faktoren. Man unterscheidet in der Hydrobiologie nach der Lokalisation der Standorte drei Gruppen von Biocönosen, in die sich auch die Mikroorganismen einordnen lassen:

N e u s t o n: Was am Wasserspiegel lebt, im Bereich der Grenzfläche Wasser/Luft. Hier herrschen besondere Bedingungen in bezug auf Licht und Sauerstoffversorgung. Als spezifischer Faktor kommt die Oberflächenspannung hinzu, die innerhalb weiter Grenzen schwanken kann. Vertreten sind vor allem Bakterien, Cyanophyceen, Grünalgen und Flagellaten, oft in ihren unbeweglichen Palmellastadien. Caulobakterien und Chlamydobakterien haften an der Oberflächenhaut und hängen in das Wasser hinunter.

P l a n k t o n: Was passiv oder mit geringer Eigenbewegung im Wasser schwebt. Verschiedenartige, als Anpassungserscheinungen gedeutete Einrichtungen erleichtern das Schweben: Verminderung des spez. Gew. der Zellen durch Schleimhüllen (z. B. bei Cyanophyceen), durch Gasvakuolen (Cyanophyceen, Thecamöben), durch Speicherung von Öl als Reservestoff (Radiolarien, Diatomeen); Vergrößerung der Zelloberfläche durch Borsten, Skelettnadeln, usw. (Dinoflagellaten, Radiolarien, Diatomeen) oder durch Koloniebildung (Diatomeen, *Merismopedia*, *Hydrodictyon*, *Cyanodictyon*). In anderen Fällen sind keinerlei derartige Einrichtungen zu erkennen.

Benthos: Was auf oder in den Ablagerungen der Gewässer lebt. In den obersten, wasserreichen Schichten der Sedimente steigen die Mikrobenzahlen gegenüber dem Wasser erheblich an. Gleichzeitig ändert sich die Zusammensetzung der Biocönosen; besonders bei Protozoen und Algen ergeben sich charakteristische Unterschiede. Planktonorganismen sind z. B. die Radiolarien, Benthosorganismen die Foraminiferen mit Ausnahme der Globigerinen (nur ihre Gehäuse sammeln sich im Globigerinenschlamm an). Von den Diatomeen leben die *Pennales* überwiegend im Benthos, die *Centrales* im Plankton. Flagellaten und Conjugaten sind Plankton-Organismen.

Bakterien und Pilze haben auch im Wasser wie im Boden ihren Hauptstandort an festen Oberflächen. Im Wasser leben sie als Aufwuchs z. B. an der Oberfläche von Wasserpflanzen, auf Gestein, Holz, Unterwasserbauten, auf der Schiffswand. Im freien Wasser treten Bakterien als Plankton-Bestandteil erst dann regelmäßig auf, wenn der Gehalt an gelösten, assimilierbaren organischen Nährstoffen einen Grenzwert von etwa 10 mg/L übersteigt. In den Ablagerungen leben sie als Aufwuchs oder adsorbiert an der Oberfläche von Sediment-Teilchen in um so größerer Zahl, je reicher das Sediment an organischen Bestandteilen ist, die als Nährstoffe verwertet werden können. Meist ist die Zahl der Bakterien und Pilze im Sediment wesentlich höher als im freien Wasser (Tab. 8, 9).

Die Keimgehalte schwanken erheblich, vor allem mit dem Gehalt an organischen Nährstoffen. Sie sind in Quellwasser und reinem Grundwasser mit etwa 0 bis 100 Keimen je ccm am niedrigsten, betragen in Flußwasser einige 1000 oder auch wesentlich mehr, je nach dem Reinheitsgrad. In Schlammablagerungen erreichen die Keimgehalte an lebenden Bakterien Millionen durch Verdünnungskultur nachweisbare Zellen je ccm. Auch hier sind wie im Boden die tatsächlich

Tab. 8. Bakterien je ccm in verschiedenen Wassertiefen (Atlantischer Ozean, nach Otto u. Neumann gekürzt)

Tiefe in m	Küstennähe	Küstenferne (Werte von 3 verschiedenen Stellen)		
5	390	120	58	20
10	200	—	—	—
30	160	—	—	—
50	—	76	16	480
100	—	20	64	54
200	—	1	6	4

Tab. 9. Tiefenverteilung von Bakterien in grünem Tonschlamm, Pazifischer Ozean, Wassertiefe 1190 m (gekürzt nach Rittenberg)

Schlammtiefe in cm	Keimzahlen je g des feuchten Sedimentes Aerobier	Anaerobier
0— 2	7 500 000	1 500
2— 5	250 000	2 250
9— 13	100 000	1 350
18— 22	20 000	470
28— 43	3 300	5
74— 89	200	10
119—134	50	10

vorhandenen Keimgehalte wesentlich höher, da nur ein Bruchteil der vorhandenen Zellen in unseren Kulturen zur Entwicklung kommt.

Auch die Tiefenlage im Wasser und im Sediment ist wichtig. Im Meer und in tiefen Seen nehmen die Keimzahlen für sämtliche Mikroorganismen ebenso wie der Artenbestand mit zunehmender Tiefe ab, aber selbst das Wasser der Tiefsee enthält noch immer Bakterien. In den Sedimenten ist der Keimgehalt an Bakterien, auf die sich die Mehrzahl der Untersuchungen erstreckt, am höchsten in den obersten Schichten. Mit zunehmender Wassertiefe steigt der hydrostatische Druck um je 1 atm für 10 m Wassertiefe an. In den Tiefseegräben mit Wassertiefen von 10–14 000 m herrscht also ein hydrostatischer Druck von 1 000–1 400 atm. Selbst unter diesen Bedingungen vermögen noch Bakterien zu leben, wie amerikanische und sowjetische Untersuchungen gezeigt haben. Es handelt sich um marine Bakterien, die das Merkmal der Barophilie besitzen. Sie haben sich an hohe hydrostatische Drucke angepaßt, wie sich andere Bakterien an hohe Salzgehalte oder an hohe Temperaturen anpassen.

Verglichen mit den Keimzahlen in Boden und Wasser ist der Keimgehalt der Luft gering, da sie ja nur ein Transportmittel für ruhende Keime darstellt. Bei Luftanalysen sind z. B. Sporen und Konidien weit verbreiteter Pilze (Mucoraceen, Aspergillaceen, Fungi imperfecti), Zellen von Hefepilzen, Bakteriensporen, Mikrokokken, Sporen von Actinomyceten gefunden worden. Die Keimzahlen schwanken stark, wobei sich der Staubgehalt, die Höhenlage, aus der die Luftprobe stammt, die örtlichen Verhältnisse (Stadt oder Land), ferner klimatische und meteorologische Faktoren (Sonnenlicht, Feuchtigkeitsgehalt, Temperatur, Luftbewegung) als einflußreich erwiesen haben. Als Anhaltspunkt mag dienen, daß in freier Luft der auf gewöhnlichen Nährböden nachweisbare Keimgehalt zwischen 50 und 10 000 Keimen je cbm Luft liegt.

b) Sulphureten

Sulphureten sind Biotope, für die das Vorhandensein von H_2S aus der Desulfurikation, aus der Eiweißfäulnis oder als Begleiterscheinung vulkanischer Prozesse charakteristisch ist[1]). Die entstehenden Ablagerungen gehören in die Gruppe der Sapropele. Schwefelwasserstoff-haltige Quellen, submarine Fumarolen, Sedimente und Gewässer, die reich an Sulfaten sind, Ablagerungen toter organischer Massen sind Stellen, an denen sich für kürzere oder längere Zeit die Biocönosen des Sulphuretums in seinen verschiedenen Formen entwickeln. Da

[1]) Vgl. hierzu das Schema des Schwefelkreislaufs S. 69.

H_2S ein starkes Zellgift ist, können sich nur resistente Organismen halten. Metazoen sowie die höheren Pflanzen und die Mehrzahl der niederen Pflanzen starben im Bereich der Sulphureten ab; ihre Reste gelangen in die entstehenden Ablagerungen. Farblose, rote, grüne Schwefelmikroben der verschiedensten Art herrschen vor. Sie überziehen den Schlamm mit weißen oder rötlichen Zooglöen oder sammeln sich als „Bakterienplatten" im Wasser. Schwermetalle, die im Wasser oder im Sediment enthalten sind, werden als kolloidale Sulfide gefällt. Schwefeleisen (FeS) färbt z. B. die Ablagerungen des Wattenmeeres, der Mangrove und den Abwasserschlamm schwarz und wird bei Luftzutritt oxydiert, so daß bräunliche Farbtöne auftreten. Stets sind als Begleiter Bakterien, Spirochäten, Cyanophyceen, einige Algen, Flagellaten- und Ciliaten-Arten vorhanden, die an die Bedingungen des Standortes angepaßt sind. Salzgehalt, Redoxpotential, Temperatur und Reaktion des Wassers beeinflussen, abgesehen von der Höhe des H_2S-Gehaltes, die Zusammensetzung der Biocönosen.

c) Magendarmrohr

Eigenartige Lebensgemeinschaften von Mikroben finden wir als Bewohner des Magendarmrohres vom Menschen abwärts bis zu den Würmern. Je nach der Ernährungsweise des Wirtes und den örtlichen Standortsbedingungen schwanken die Zahl der Mikroben und die Zusammensetzung der Biocönose. Bakterien und Protozoen herrschen meist vor und übertreffen die Zahl der Pilze.

Von den mit der Nahrung einwandernden Arten sind es nur ganz bestimmte, die sich als Dauerbewohner anzusiedeln vermögen. Sie leben von den im Darm enthaltenen Nährstoffen, auch können Bakterien den Darm-bewohnenden Protozoen als Nahrung dienen.

In manchen Fällen, z. B. im Pansen und Netzmagen der Wiederkäuer oder im Enddarm holzfressender Termiten, greifen Bakterien und Protozoen (Flagellaten bei Termiten, Ciliaten, Bakterien bei Wiederkäuern) in den Abbau der in der Nahrung enthaltenen Zellulose ein und können auf diese Weise Bedeutung für die Ernährung ihres Wirtes erlangen.

Beim Menschen werden die mit der Nahrung in den Magen gelangenden Mikroben durch die Einwirkung des Magensaftes größtenteils abgetötet. Auch die oberen Darmabschnitte des Dünndarms (Duodenum, oberer Teil des Jejunums), in denen beim gesunden Menschen die saure Reaktion (pH = 5,5–6,3) anhält, sind keimfrei oder keimarm. Es treten im allgemeinen nur Milchsäurebakterien wie *Lactobact. acidophilum* und säuretolerante Enterokokken wie *Streptoc. faecalis* auf. Im unteren Teil des Dünndarms und im Dickdarm kommen mit dem Übergang zur neutralen und schwach alkalischen Reaktion weitere Arten hinzu, z. B. *Clostridium*- und *Bacteroides*-Arten, *Aerobacter aerogenes* und vor allem *Esch. coli*, die stets in der normalen Darmflora vorherrscht. Auch Hefepilze kommen im Magendarmkanal vor. Die Trockensubstanz der Darmausscheidungen (Faeces) besteht zu einem erheblichen Teil aus abgestorbenen und lebenden Bakterienzellen.

Von darmbewohnenden Protozoen sollen *Entamoeba coli* und die Flagellaten *Trichomonas intestinalis* und *Lamblia intestinalis* genannt werden. Bei Krankheiten können pathogene Mikroben hinzukommen, z. B. *Salmonella*-Arten bei Typhus und Paratyphus, *Shigella*-Arten bei Bakterienruhr, *Vibrio cholerae* bei Cholera, *Mycobacterium tuberculosis* (Darmtuberkulose), *Entamoeba histolytica* (Erreger der Amöbenruhr).

Die Zusammensetzung der Darmflora wird durch die Ernährungsweise beeinflußt. Kohlenhydratreiche Nahrung fördert die Vermehrung „saccharolytischer“ Arten, von denen Kohlenhydrate unter Säurebildung vergoren werden. Zellulose wird unter Bildung von Gasen und niederen Fettsäuren abgebaut. Eiweißreiche Nahrung führt zu einer Zunahme „proteolytischer“ Arten. Aus Aminosäuren werden Amine wie Cadaverin und Putrescin, ferner Indol, Schwefelwasserstoff gebildet (vgl. Teil I S. 133, 136, 137).

Gallenfarbstoffe, die mit der Galle in den Darm gelangen und nicht wieder resorbiert werden, unterliegen z. T. der Reduktion durch Darmbakterien. Aus Bilirubin entsteht unter anderem das in den Faeces enthaltene Stercobilin:

Bilirubin (R = $-CH_2-CH_2-COOH$)

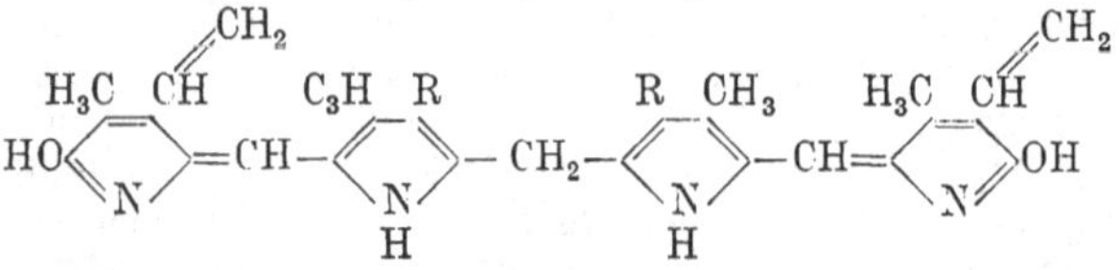

Stercobilin

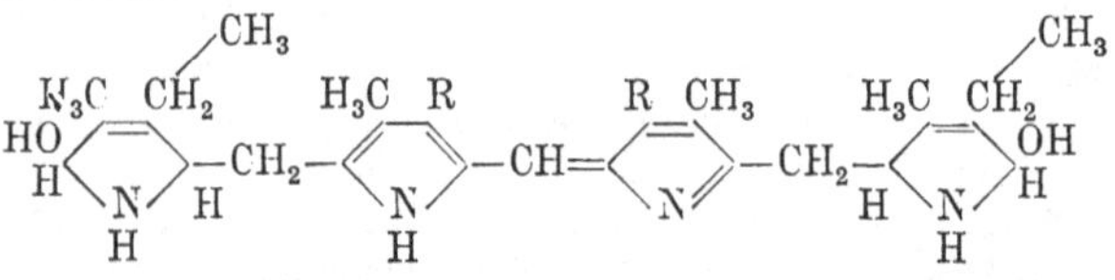

Auch zur Vitaminversorgung tragen Darmbakterien bei. Durch Sulfonamide und Antibiotika (vgl. S. 20) werden bei peroraler Zuführung nicht nur spezifische Krankheitserreger, wie z. B. Typhusbakterien durch Chloromycetin, vernichtet, es treten als unerwünschte Begleiterscheinung auch erhebliche Veränderungen in der Zusammensetzung der normalen Darmflora auf. Vor allem wird *Esch. coli* geschädigt (Dysbakterie). In der Folge kann es zu Erscheinungen des Vitaminmangels kommen, oder es treten Infektionen durch Keime auf, deren Entwicklung, in der normalen Darmflora gehemmt ist. Durch Zufuhr von *coli*-Kulturen muß die normale Darmflora allmählich wieder aufgebaut werden.

II. Eusymbiose und Parasitismus

1. Übersicht

In den Lebensgemeinschaften treten die verschiedensten Mikroben zueinander in Wechselbeziehungen, sie hemmen oder fördern einander oder lösen sich am gleichen Standort in der Entwicklung ab. Dort ist die physiologische Bindung aneinander noch locker. An die Erscheinungen des Antagonismus und Synergismus schließen sich Zustände an, bei denen verschiedenartige Organismen, Tiere oder Pflanzen mit Mikroben oder Mikroben miteinander, in engere gesetzmäßige

Beziehungen treten, die auf ernährungsphysiologischem Gebiet liegen und so weit gehen können, daß die Partner mehr oder weniger voneinander abhängig werden und unter Umständen einzeln nicht mehr existenzfähig sind. Wir fassen diese Erscheinungen unter dem Begriff Symbiose zusammen. Träger der Symbiose ist der größere Partner, den wir als Wirt bezeichnen. Der kleinere Symbiont lebt auf (Ektosymbiont) oder im Wirt (Endosymbiont). Nach ihrer Lokalisation unterscheiden wir extrazelluläre, interzelluläre und intrazelluläre Symbionten. Ein Wirt kann gleichzeitig verschiedene Symbionten beherbergen. Die Symbiose wird cyklisch, wenn die Symbionten auf die Nachkommen des Wirtes übertragen werden oder wenn sich beide Partner gemeinsam fortpflanzen. Bei nicht-cyklischen Symbiosen muß also das symbiontische Verhältnis bei der Fortpflanzung des Wirtes stets durch Neuinfektion aus der Umgebung wiederhergestellt werden. Stehen bei dem Zusammenleben antagonistische Züge im Vordergrund, so sprechen wir von Dyssymbiose oder Parasitismus. Treten die antagonistischen Züge zurück, so daß wir sie erst bei einer eingehenden Analyse der physiologischen Beziehungen entdecken, so liegt eine Symbiose im engeren Sinn oder eine Eusymbiose vor. Im ersten Fall hat offensichtlich nur einer der beiden Partner einen Nutzen von dem Zusammenleben. Im zweiten Fall können in wechselndem Ausmaß beide Partner Vorteile von dem Zusammenleben haben; auch hier lassen sich jedoch parasitäre Züge erkennen, ein Hinweis auf die Entstehung derartiger Eusymbiosen. Unter Beschränkung auf die wichtigeren Fälle ergibt sich folgende Übersicht über das Vorkommen von Dyssymbiosen und Eusymbiosen:

An der Symbiose sind beteiligt:	Art der Symbiose Parasitismus	Eusymbiose
Bakterien und höhere Pflanzen	Bakterienkrankheiten (Bakteriosen) bei Pflanzen (Tomaten, Kartoffeln, Zuckerrohr usw.). Durch *Agrobact. tumefaciens* hervorgerufene Wucherungen (Gallen) bei Pflanzen aus mehr als 40 Familien	Wurzelknöllchen bei Leguminosen (*Rhizobium legum.*), Erlen, Sanddorn, *Myrica Gale* usw. (Actinomyceten). Bakterien in Blättern gewisser Rubiaceen und Myrsinaceen
Pilze und höhere Pflanzen	Pilzkrankheiten (Mykosen) bei Pflanzen, hervorgerufen durch Rostpilze, Brandpilze, Mehltaupilze usw.	Mykorhizen
Algen und höhere Pflanzen	Algen, z. B. *Phyllobium*, *Chlorochytrium* (Chlorococcaceen) im Gewebe lebender Pflanzen (*Lysimachia*, *Lemna*, *Elodea*, *Rumex* usw.)	Symbiose von *Azolla*, manchen Lebermoosen, Cycadeen mit Cyanophyceen. *Nostoc* in den Rhizomen von *Gunnera*
Verschiedene Pilze	Parasitische Pilze (*Sporodinia*, *Hypomyces*, *Mycogone*) auf den Fruchtkörpern von Hutpilzen. Mucoraceen (*Chaetocladium* usw.) auf anderen Mucoraceen parasitierend	

An der Symbiose sind beteiligt:	Art der Symbiose	
	Parasitismus	Eusymbiose
Algen und Pilze	Auf Flechten parasitierende Pilze, auf Algen parasitierende Pilze („Halbflechten“), zahlreiche niedere Phycomyceten als Parasiten in Algen	Flechtensymbiose
Pilze und C-heterotrophe Gefäßkryptogamen und Phanerogamen	Pilzkrankheiten bei saprophytisch oder parasitisch lebenden Phanerogamen	Mykorhiza in *Lycopodium*-Prothallien, in den Rhizomen saprophytischer Orchideen usw.
Bakterien und Tiere	Bakterienkrankheiten bei Tieren und beim Menschen (Milzbrand, Tuberkulose, Actinomykosen usw.)	Symbiose bei Mollusken, Würmern, Insekten, Milben. Darmsymbionten bei Wiederkäuern. Leuchtbakterien bei Tunikaten, Cephalopoden, Fischen
Pilze und Tiere	Pilzkrankheiten, z. B. *Saprolegnia* auf Süßwasserfischen. Durch Pilze hervorgerufene Krankheiten beim Menschen, z. B. Hautkrankheiten (Dermatomykosen)	Symbiose bei Insekten. Pilzzucht bei Termiten und Ameisen
Algen und Tiere		Zoochlorellen, Zooxanthellen, Zoocyanellen bei Protozoen, Coelenteraten, Turbellarien usw.

An der Symbiose sind beteiligt:	Art der Symbiose	
	Parasitismus	Eusymbiose
Protozoen und höhere Pflanzen	Flagellaten im Milchsaft von *Euphorbia*-Arten	
Protozoen und Metazoen	Durch Protozoen hervorgerufene Krankheiten bei Tieren und Menschen (Malaria, Amöbenruhr, Schlafkrankheit)	Flagellaten, Ciliaten bei holzfressenden Termiten, bei Wiederkäuern

Einige Gruppen sollen zu einer näheren Besprechung herausgegriffen werden, wobei wir alle Fälle von einfachem Parasitismus zusammenfassen und anschließend einige Eusymbiosen behandeln.

2. Dyssymbiosen: Infektionskrankheiten bei Pflanzen und Tieren

Das Eindringen und die Ansiedlung parasitärer Mikroben führt im allgemeinen zu einer akuten oder chronischen Erkrankung des Wirtes, die wir als Infektionskrankheit bezeichnen. Unter den Mikroorganismen kommen als Krankheitserreger in erster Linie Eubakterien, Actinomyceten, Pilze und Protozoen in Frage. Während die Mehrzahl der Infektionskrankheiten von Pflanzen Mykosen sind, stehen bei Tieren und beim Menschen Bakterien im Vordergrund. Auch parasitische Protozoen treffen wir fast nur bei Mensch und Tier.

Nicht jeder heterotrophe Mikroorganismus ist zur parasitären Lebensweise befähigt. Weitaus die meisten Heterotrophen leben in der Natur als Saprophyten, sie besitzen keinerlei Affinität zu einem lebenden Nährsubstrat. Unter den Bakterien sind menschenpathogene Arten z. B. nur in etwa

40 von insgesamt 150 Gattungen vertreten, die sich auf *Eubacteriales*, *Actinomycetales* und *Spirochaetales* verteilen. Auch unter den Pilzen ist nur ein verschwindend kleiner Anteil der etwa 100 000 bekannten Arten menschenpathogen; in der Hauptsache sind es Fungi imperfecti; einzelne Ascomyceten und Phycomyceten kommen hinzu.

Die Befähigung einer Mikrobenart, einen lebenden Organismus, den Wirt, anzugreifen und zu besiedeln, bezeichnen wir als Infektiosität, Aggressivität oder Angriffsfähigkeit, seine krankmachende Wirkung im Wirt als Virulenz oder Pathogenität. Der angegriffene Organismus erweist sich als anfällig, empfänglich oder als immun. Im ersten Fall kommt es zur Infektion und, bei vorhandener Pathogenität, meist auch zur Erkrankung, im zweiten nicht. Die Immunität (Resistenz, Widerstandsfähigkeit) kann verschiedene Ursachen haben: Es kann jede Reaktion zwischen den eindringenden Mikroben und dem Wirt ausbleiben, so daß die Mikroben kein geeignetes Nährstoff-Substrat finden, oder es setzen Gegenwirkungen ein, die wir als Abwehr bezeichnen. Zwischen Krankheit und völliger Immunität gibt es zahlreiche Zwischenstufen. Diphtheriebakterien können sich z. B. auf den Rachenschleimhäuten ansiedeln, ohne daß es zu einer Erkrankung kommt (latente Infektion), oder es dringen Mikroben in den Körper ein, die zwar aggressiv sind, aber nur geringe Pathogenität besitzen und nur eine beschränkte Abwehr auslösen, wie es z. B. bei Insekten beobachtet worden ist. Anfälligkeit und Widerstandsfähigkeit sind durch erbliche Anlagen bedingt, deren Wirkung jedoch durch zahlreiche Faktoren (Ernährungszustand, Alter beim Wirt, schwach-virulente und hoch-virulente Rassen beim Erreger usw.) beeinflußt werden kann. Auf seiten des Wirtes bewirkt die Gesamtheit dieser Einflüsse die „Disposition" gegenüber einem bestimmten Erreger. Von ihr hängt die Reaktionsweise des Wirtes ab. Umgekehrt sind auf seiten der Mikroben Aggressivität und Virulenz einem bestimmten Wirt gegenüber in ihren Grundzügen erblich festgelegt.

Im günstigsten Falle genügt eine einzige Zelle eines pathogenen Bakteriums, um bei einem anfälligen Individuum die Infektion herbeizuführen und nach Eingewöhnung und entsprechender Vermehrung, nach Ablauf der „Inkubationszeit", die Symptome der Krankheit auszulösen. Eine Maus kann z. B. nach Infektion mit einer einzigen Zelle von *Bac. anthracis* an Milzbrand erkranken und eingehen.

Die krankmachenden Wirkungen liegen meist auf biochemischem Gebiet, sie sind, wie nicht anders zu erwarten, außerordentlich mannigfaltig und kompliziert. Stoffwechselprodukte des Parasiten („Toxine") greifen z. B. in den Stoffwechsel des Wirtes ein und stören lebenswichtige Prozesse. Seltener ist eine mechanische, raumbehindernde Wirkung, wenn Pilze oder Bakterien im Pflanzenkörper die Gefäße verstopfen und undurchgängig machen, oder wenn sich der kapselbildende menschenpathogene *Cryptococcus neoformans* in großen Mengen im Zentralnervensystem vermehrt.

Sind bei einem Mikroorganismus parasitäre Eigenschaften vorhanden, so richten sie sich stets nur gegen einen bestimmten größeren oder kleineren Kreis von Arten, und auch bei diesen erkrankt nicht ohne weiteres jedes einzelne Individuum. So greift der Erreger der Kohlhernie, *Plasmodiophora brassicae*, nur Cruciferen an, während *Rhizoctonia solani* auf Pflanzen aus ganz verschiedenen Familien vorkommt und *Claviceps paspali*, ein Verwandter des auf mehreren Gramineen, z. B. auf Roggen, lebenden Mutterkornpilzes (*Claviceps purpurea*) nur die Graminee *Paspalum dilatatum* befällt. *Salmonella typhosa* ist bei Zufuhr mit der Nahrung nicht tierpathogen; erst nach intravenöser Injektion größerer Mengen lebender Zellen erkranken weiße Mäuse und andere Versuchstiere an einer Septikaemie.

Gonokokken (*Neisseria gonorrhoeae*) sind an den Menschen gebundene Parasiten, obgleich die von ihnen erzeugten Toxine auch für Versuchstiere giftig sind.

Zuweilen zeigt sich, daß der vollständige Ablauf des Entwicklungsganges beim Parasiten an die aufeinanderfolgende Besiedelung verschiedenartiger Wirte gebunden ist (Wirtswechsel). In vielen Fällen ist der Wirtwechsel mit einem Generationswechsel der Parasiten verbunden. Beispiele finden sich bei

Sporozoen (vgl. S. 41) und Uredineen. Beim Gitterrost des Birnbaums (*Gymnosporangium Sabinae*) infizieren die Basidiosporen (Sporidien) junge Blätter des Birnbaums. Dort erfolgt Dikaryotisierung. Die entstehenden Aecidiosporen vermögen sich nur auf dem Sadebaum (*Juniperus Sabinae*) zu entwickeln. Das dikaryotische Mycel perenniert im Bast des Stammes. Die Nebenfruchtform der Uredosporen fehlt. Im Frühjahr entstehen Teleutosporen, die ohne Ruhepause unter Reduktion Promycel (Basidien) und Sporidien (Basidiosporen) bilden.

Das Wesen des Infektionsvorganges ist aus naheliegenden Gründen besonders beim Menschen untersucht worden. Bei Pflanzen finden wir in den Grundzügen entsprechende Erscheinungen und Vorgänge, müssen bei einer vergleichenden Betrachtung allerdings den tiefgreifenden Unterschieden in der Organisation des Pflanzenkörpers und der Pflanzenzelle Rechnung tragen.

Bei Menschen und Tieren wird der Parasit meist passiv eingeschleppt; er gelangt in Wunden, auf Schleimhäute, in den Verdauungskanal, in die Luftwege. Hier setzen alsdann die durch Aggressivität, Virulenz, Immunität, Anfälligkeit bedingten Vorgänge ein (Abb. 12).

Bei der Pflanze spielen zwar auch passive Wundinfektionen eine Rolle, meist ist der Parasit jedoch im Angriff, wächst durch Spaltöffnungen, Lentizellen, Wurzelhaare, Fruchtknoten oder auch durch die Zellen des Abschlußgewebes in die Pflanze ein (Abb. 13) und reagiert nun in der einen oder anderen Weise mit den lebenden Geweben des Wirtes.

Mit dem Fehlen der Blut- und Lymphbahnen sowie eines Nervensystems und mit dem Aufbau des Pflanzenkörpers aus Zellen, die von einer festen Wand umgeben sind, hängt es zusammen, daß die Krankheitserscheinungen bei der Pflanze mehr lokaler Natur sind, während bei Tier und Mensch die eingedrungenen Keime oder die von ihnen abgeschiedenen Giftstoffe (Toxine) durch den Körper verbreitet werden und der Körper, abgesehen von lokalen Erscheinungen, als Ganzes reagiert.

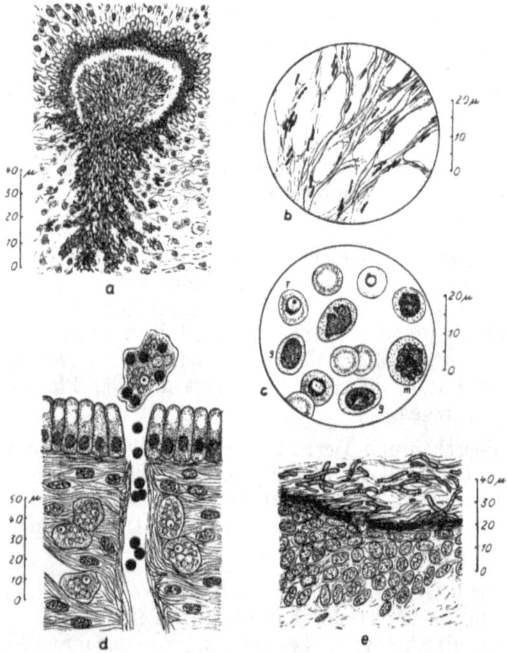

Abb. 12. Infektionsvorgänge im Menschen- und Tierkörper. (a) *Actinomyces bovis*. Kieferactinomykose beim Rind (nach SCHLEGEL, vereinfacht) Schnitt durch eine „Strahlenpilzdruse"[1]. Im oberen Teil Kolbenbildung an den Hyphenspitzen in der Kontaktzone mit dem Gewebe. (b) *Mycobact. tuberculosis* im Sputum mit elastischen Fasern aus dem Lungengewebe. (c) *Plasmodium vivax* in Erythrocyten bei Malaria tertiana; r = Schizonten („Ringformen"), in zwei Erythrocyten mehrkernig; m = Aufteilung in Merozoiten („Morulaform"); g = Gametocyten mit kleinem, dichtem Kern (Makrogametocyt) und großem, lockerem Kern (Mikrogametocyt). (d) *Entamoeba histolytica* im Darm bei Amöbenruhr. Gewebeformen, die in das Gewebe der Darmwand eindringen und es zerstören; oben eine Amöbe mit aufgenommenen Erythrocyten (nach PIEKARSKI, vereinfacht). (e) *Microsporon furfur*. Das Mycel entwickelt sich bei einer Mykose der Haut („Pityriasis versicolor") in den Hornschichten der Oberhaut.

---

[1]) Die *Actinomyces*kolonien im Gewebe werden „Drusen" genannt, sie erreichen Durchmesser bis etwa 1 mm.

Symptome im Pflanzenkörper	Symptome im Tierkörper
Veränderung oder Zerstörung von Zellen, Geweben, Organen. Der Erreger bleibt meist in Geweben und einzelnen Organen lokalisiert, selten breitet er sich über größere Teile des Pflanzenkörpers aus. Beeinflussung von Wachstum und Formbildung (Hexenbesen und andere Gallbildungen). Änderungen des Reizverhaltens. Veränderungen des Stoffwechsels (Atmung, Assimilation), geringe lokale Temperaturerhöhung.	Entzündung, Eiterung, Gewebezerfall. Verschleppung und sekundäre Ansiedlung von Keimen (Metastasen), z. B. Gelenkerkrankungen bei Gonorrhoe, Hautblutungen bei Typhus. Vernichtung von roten Blutkörperchen, meist Vermehrung der weißen Blutkörperchen. Drüsenschwellungen, Milzschwellung. Veränderungen des Stoffwechsels. Fieber. Kreislaufstörungen.

Nur die pflanzenpathogenen Viren (vgl. den folgenden Abschnitt) sind auch nach lokaler Infektion in kurzer Zeit im ganzen Körper der Pflanze nachweisbar.

Besonders deutlich wird der Unterschied in der Reaktionsweise zwischen Pflanze und Warmblütler, wenn man die Temperaturverhältnisse nach einer Infektion betrachtet. Während beim Menschen im Fieber der Körper in seiner Gesamtheit reagiert, finden wir bei der Pflanze, soweit hier überhaupt Temperaturerhöhungen festgestellt worden sind, wie bei der Infektion einer Kartoffelknolle mit *Erwinia atroseptica*, höchstens eine lokale Temperatur-Reaktion um Zehntelgrade an der Infektionsstelle.

3. Dyssymbiosen: Viren und Bakteriophagen

Auch die Viren sind „Krankheitserreger“, die sich nur in einem lebenden Organismus als Substrat vermehren und wie parasitäre Mikroorganismen auf bestimmte Wirtsarten angewiesen sind. Soweit sie an die lebende, sich vermehrende Bakterienzelle gebunden sind, werden sie Bakteriophagen (kurz Phagen) genannt. Viruskrankheiten (Virosen) kommen beim Menschen, bei Tieren und Pflanzen vor. Unter den Mikroorganismen sind sie bis jetzt bei Eubakterien, Myxobakterien und Actinomyceten („Actinophagen“) gefunden worden. Viren sind keine Mikroorganismen, sondern formgebundene biochemische Systeme, die, von einzelnen Ausnahmen abgesehen, nur aus Proteinen und Nucleinsäuren bestehen. Mehrfach ist es gelungen, Viren in reiner Form zu gewinnen. Als erster hat STANLEY (1935) das Tabakmosaik-Virus rein dargestellt. Es besteht aus Nucleoproteid-Kristalloiden von prismatischer Gestalt, die aus zahlreichen „Elementarteilchen“ des Virus zusammengesetzt sind. Die Virusteilchen haben charakteristische Gestalt und Größe, die in Verbindung mit den Symptomen, die sie im Wirt hervorrufen, zur Kennzeichnung

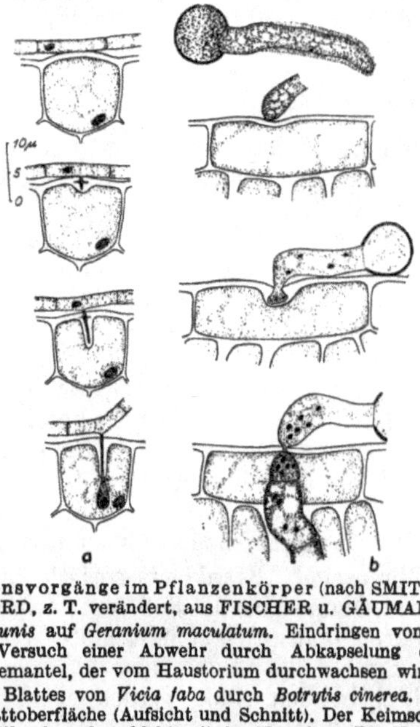

Abb. 13. **Infektionsvorgänge im Pflanzenkörper** (nach SMITH und BLACKMAN u. WELSFORD, z. T. verändert, aus FISCHER u. GÄUMANN)[1].

a) *Erysiphe communis* auf *Geranium maculatum.* Eindringen von Haustorien in Epidermiszellen; Versuch einer Abwehr durch Abkapselung der Haustorien mit einem Zellulosemantel, der vom Haustorium durchwachsen wird.

b) Infektion eines Blattes von *Vicia faba* durch *Botrytis cinerea.* Oben keimende Hyphe auf der Blattoberfläche (Aufsicht und Schnitt). Der Keimschlauch scheidet eine schleimige Hülle ab und verklebt mit der Unterlage. Die Kutikula wird von der wachsenden Hyphenspitze mechanisch in einem feinen Kanal durchbrochen. Die Zelluloseschichten der Zellwand werden enzymatisch angegriffen und durchwachsen.

[1]) Vgl. S. 89

der einzelnen Virusarten herangezogen werden. Was die Gestalt betrifft. so können wir kugelförmige, polygonale und stäbchenförmige Viren. Unter den Phagen gibt es Formen, die aus einem Kopfteil und einem stäbchenförmigen Schwanzteil bestehen. Der feinere Bau scheint in allen Fällen übereinzustimmen: Eine Proteinhülle umgibt einen im Innern des Virusteilchens knäuelförmig eingelagerten Nucleinsäurefaden. Die Teichengröße erstreckt sich über einen weiten Bereich von etwa 200 bis 10 mμ, der nach oben an die kleinsten Mikroorganismen anschließt, nach unten in das Gebiet der Makromoleküle übergeht (Tab. 10). Untersuchungen mit der Ultra-

Tab. 10. Größenverhältnisse von Bakterienzellen, Virusteilchen und Makromolekülen in mμ (nach STANLEY und anderen)

Escherichia coli	etwa 500×1500
Rickettsia psittaci (Erreger der Papageienkrankheit)	400
Rickettsia quintana (Erreger des Fünftagefiebers)	200—400
Mycoplasma mycoides, (Erreger der Pleuropneumonie der Rinder) kleinste Zellen	100—250
Herpes-Virus	150
Tollwut-Virus	125
Influenza-Virus	115
Staphylokokken-Phage	100
Geflügelpest-Virus etwa	90
Coli-Phage T2 Kopfteil	65×80
Schwanzteil	20×120
Coli-Phage T7	50
Virus d. Gelben Fiebers	22
Haemocyanin	20—22
Tabakmosaik-Virus	15×280
Virus d. Maul- und Klauenseuche	10
Pferde-Haemoglobin	3×15
Eieralbumin	2.5×10

zentrifuge und mit dem Elektronenmikroskop und Filtration durch besonders dichte Filter (Ultrafiltration) haben hierüber Aufschluß gegeben. Die Nucleinsäuren der Viren gehören in der Mehrzahl der Fälle zum DNS-Typ, d. h. zu dem gleichen Typ, der auch für Zellkerne (Zellkern-Aequivalente) charakteristisch und in den Genen lokalisiert ist. Wie die Gene ist auch die DNS der Virusteilchen Träger von „Informationen", die hier in die Eiweiß- und Nucleinsäure-Synthese der Wirtszelle eingreifen und den Zellstoffwechsel in Richtung auf die Synthese neuer Virusteilchen ablenken.

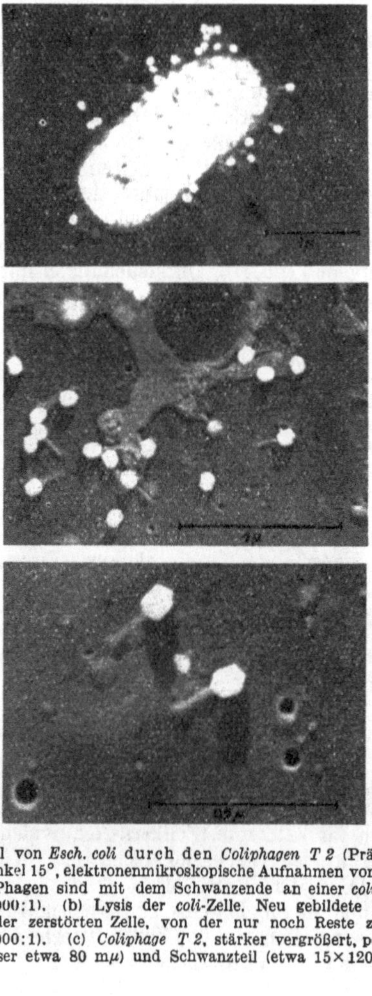

a

b

c

Abb. 14. Befall von *Esch. coli* durch den *Coliphagen T 2* (Präparate schrägbedampft Pd, Winkel 15°, elektronenmikroskopische Aufnahmen von G. BARTSCH). (a) zahlreiche Phagen sind mit dem Schwanzende an einer *coli*-Zelle absorbiert (Endvergr. 13000:1). (b) Lysis der *coli*-Zelle. Neu gebildete Phagen sind frei geworden aus der zerstörten Zelle, von der nur noch Reste zu erkennen sind. (Endvergr. 21000:1). (c) *Coliphage T 2*, stärker vergrößert, polygonaler Kopfteil (Durchmesser etwa 80 mμ) und Schwanzteil (etwa 15×120 mμ) (Endvergr. 54000:1).

Bakteriophagen. Die Infektion einer als Wirt geeigneten Bakterienzelle und die Entstehung neuer Phagen spielen sich in folgender Weise ab: Die infizierenden Phagen haften an bestimmten Stellen der Zellwand. Der DNS-Faden des Phagen tritt in die Wirtszelle über und entzieht sich der weiteren Beobachtung (Stadium der Eklipse); die Proteinhülle bleibt zurück und zerfällt. Nach etwa 20 bis 40 Minuten unterliegt die infizierte Bakterienzelle der Lysis: Sie platzt und verstreut in ihre Umgebung mehr als 100 Phagenteilchen, die während dieser Zeit aus Zellmaterial und aus den der Zelle zugeführten Nährstoffen neu gebildet worden sind, gemäß dem Muster, das in der DNS des infizierenden Phagen enthalten war (Abb. 14). Der Phage greift also an zentraler Stelle in den Stoffwechsel der Wirtszelle ein und lenkt ihn ab in Richtung auf die Synthese neuer Phagenteilchen. Spielt sich der Prozeß in der Petrischale auf einem festen Nährboden ab, so entstehen an den betreffenden Stellen glasig-durchsichtige

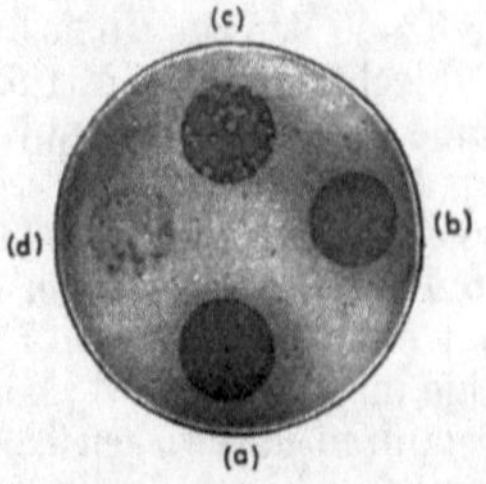

Abb. 15. Lochbildung durch den *Coliphagen T 3* im Rasen von *Esch. coli*. (a) Kontrolle ohne Phagen. Von (b) bis (d) zunehmender Phagen-Titer ($1{,}5\times 10^3$, $1{,}5\times 10^4$, $1{,}5\times 10^5$). Bei (d) ist der *coli*-Rasen bis auf geringe Reste durch Lysis zerstört. (Aufnahme G. BARTSCH.)

Löcher (plaques, tâches vierges) in dem dichten Bakterienrasen oder in der Bakterienkolonie (Abb. 15). Eine Nährlösung, die von sich vermehrenden Bakterien getrübt war, wird meist wieder klar, wenn die Lysis einsetzt. Beide Erscheinungen sind zum ersten Mal von Twort (1915) und von d'Herelle (1917) beobachtet worden.

Transduktion. Ein eigenartiger genetischer Vorgang ist in Verbindung mit Bakteriophagen beobachtet worden. Bei der Neubildung von Phagen in der Wirtszelle kann z. B. bei *Salmonella* genetisches Material, vermutlich DNS aus den Zellkern-Aequivalenten, unverändert in die Phagen-DNS eingebaut werden und von den frei gewordenen Phagen bei der nächsten Infektion auf *Salmonella*-Zellen einer anderen Rasse übertragen werden. Dort wird das DNS-Teilchen unverändert in die genetische Struktur eingebaut. Überlebt die *Salmonella*-Zelle die Infektion, so zeigt sich, daß sie gewisse Eigenschaften der „Donator"-Rasse übernommen hat.

4. Eusymbiosen bei Pflanzen

a) Flechtensymbiose

An Standorten, die oft durch extreme Lebensbedingungen, durch Trockenheit, Wärme, Sonnenbestrahlung, wechselnd mit zeitweiser Durchfeuchtung und Abkühlung ausgezeichnet sind, siedeln sich die Thalli der aus einem Pilz und einer Alge zusammengesetzten Flechten an. Wir finden sie z. B. auf Felsen, auf der Rinde von Bäumen, auf Hausdächern, an Holzpfosten, auf dem Erdboden.

Die morphologische Gestaltung wird bei den Thalli der Laub-, Strauch- und Krustenflechten überwiegend durch den Pilz bestimmt, bei den einfacher gebauten Faden- und Gallertflechten steht die Alge im Vordergrund (Abb. 16).

Unter den Flechtenpilzen überwiegen bei weitem die Ascomyceten (Discomyceten, seltener Pyrenomyceten) über die Basidiomyceten (Hymenomyceten); unter den Algen herrschen, abgesehen von Faden- und Gallertflechten, einzellige Arten der Chlorophyceen und Cyanophyceen vor. Die bisher als charakteristisches Erzeugnis der Symbiose angesehenen, oft gefärbten Flechtensäuren wurden in den letzten Jahren in einigen Fällen auch in Reinkulturen von Pilzen nachgewiesen. Ihre Entstehung ist also nicht an die Symbiose gebunden.

In vielen Fällen ist es gelungen, die Symbiose zu sprengen und Pilz sowohl wie Alge in Reinkultur zu ziehen. Allerdings blieb bisher in Reinkulturen von Flechtenpilzen die Frucht-

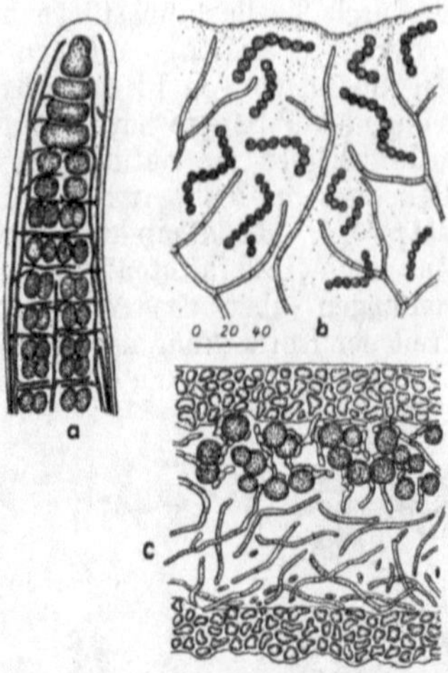

Abb. 16. **Bau des Flechtenthallus.** (a) Fadenflechte (*Ephebe pubescens*), (b) Gallertflechte (*Collema glaucescens*), (c) Laubflechte (*Parmelia spec.*). Die Pilzhyphen entwickeln sich bei (a) und (b) in den aus den Zellwänden der Algen entstandenen Gallertmassen. Bei (c) bestimmt der Flechtenpilz den Aufbau des Thallus aus Rinde und Mark. Die Algenzellen liegen im oberen Teil der Markschicht.

körperbildung aus. Während sich die Flechtenalgen in ihrem Verhalten kaum von Kulturen frei lebender, verwandter Algen unterscheiden, fallen die Flechtenpilze durch ihr außerordentlich langsames Wachstum auf, das auch für die Entwicklung der meisten Flechtenthalli am natürlichen Standort bezeichnend ist und selbst unter günstigen Lebensbedingungen in der Reinkultur beibehalten wird. Dagegen stößt die künstliche Synthese von Flechtenthalli aus den Reinkulturen auf Schwierigkeiten. Sie ist bisher erst in einzelnen Fällen gelungen (*Cladonia pyxidata*), wohl deswegen, weil es schwierig ist, in den Kulturen die für das Zustandekommen eines Flechtenthallus maßgebenden, für das Wachstum der isolierten Partner keineswegs optimalen Lebensbedingungen nachzubilden.

Als symbiontische Organismen vermehren und verbreiten sich die Flechten durch Thallusbruchstücke oder durch besondere Organe (Soredien, Isidien), in denen beide Partner enthalten sind. Neubildungen von Flechtenthalli durch Verbindung einer keimenden Pilzspore mit einer geeigneten frei lebenden Algenzelle scheinen am natürlichen Standort verhältnismäßig selten zu sein; häufig trifft man dagegen auf vergebliche Ansätze zur Flechtenbildung zwischen Pilzhyphen und Algenzellen („Halbflechten").

Unsere Anschauungen über das Wesen der Flechtensymbiose haben seit der Entdeckung der symbiontischen Natur der Flechten durch SCHWENDENER (1867) eine Wandlung

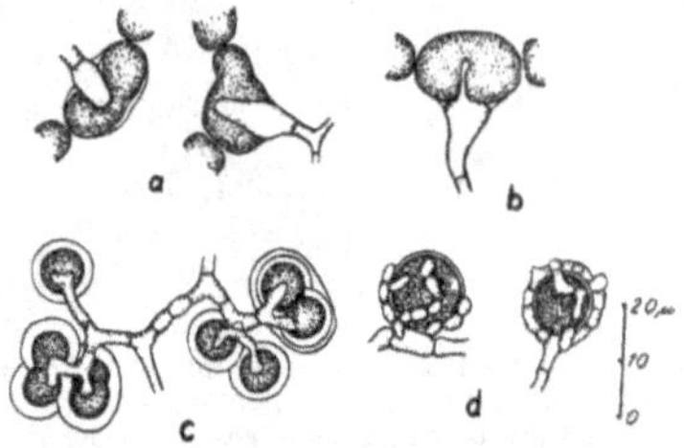

Abb. 17. Durch Pilzhyphen befallene Algenzellen aus dem Thallus verschiedener Flechten. Bei (a) – (c) dringen Haustorien in die Algenzellen ein, bei (d) werden sie von den Hyphen umwachsen. (a, b nach TOBLER, c, d nach BORNET aus DE BARY).

durchlaufen, die in ihren wesentlichen Zügen auch bei anderen Eusymbiosen wiederkehrt: Während man früher die Flechten meist als eine „freiwillige", der gegenseitigen Förderung dienende Verbindung der beiden Partner ansah, hat sich später gezeigt, daß der Flechtensymbiose parasitäre Züge zugrunde liegen. In vielen Fällen ist festgestellt worden, daß Pilzhyphen in verschiedener Weise, z. B. durch Haustorien, mit Algenzellen in Verbindung treten und ihnen Nährstoffe entziehen (Abb. 17). Vermutlich wird der Bedarf des Pilzes an organischen C-Verbindungen mehr oder weniger ausschließlich, je nach dem Standort, durch die zur Photosynthese befähigte Alge gedeckt. Die Algenzelle ist in der Versorgung mit Wasser und mit mineralischen Verbindungen einschließlich der N-Verbindungen auf den Pilz angewiesen. Sie vermag sich jedoch freilebend, wenn auch unter weniger extremen Lebensbedingungen, stärker zu vermehren als es in der Symbiose der Fall ist, während umgekehrt die Flechtenpilze freilebend infolge ihres langsamen Wachstums an vielen Standorten kaum mit anderen Pilzen konkurrenzfähig sind und wohl erst durch die Verbindung mit der autotrophen Alge die Möglichkeit erlangt haben, auf extreme Standorte vorzudringen, auf denen sie sich infolge ihrer Anpassungsfähigkeit besonders an zeitweise Trockenheit zu halten vermögen.

b) Wurzelknöllchen der Leguminosen

Die Entdeckung der Symbiose von Schmetterlingsblütlern mit einem N-bindenden Bakterium hat von Beobachtungen praktischer Landwirte über die Verbesserung sandiger, N-armer Böden durch Anbau von Leguminosen (Lupine) ihren Ausgang genommen. Hellriegel und Wilfarth fanden 1888, daß die angebliche Bindung von atmosphärischem Stickstoff durch Leguminosen in Wirklichkeit durch das in den Wurzelknöllchen lebende symbiontische Bakterium erfolgt und daß ohne dieses Bakterium die Leguminosen wie jede andere Kulturpflanze zur Deckung ihres N-Bedarfs auf die Zufuhr von gebundenem Stickstoff, von Nitraten oder Ammoniumsalzen, angewiesen sind. Im gleichen Jahr gelang Beijerinck die Reinkultur des *Bact. radicicola* (*Rhizobium leguminosarum*) aus Wurzelknöllchen und aus dem Erdboden. *Rhizobium leguminosarum* ist ein aerobes, kurzes Stäbchen, das 0,5–1 : 1–3 μ mißt, eine oder mehrere polar oder peritrich angeordnete Geißeln trägt und in zahlreichen physiologischen Rassen vorkommt, die auf die Infektion bestimmter Leguminosen eingestellt sind und sich z. T. auch morphologisch und im ernährungsphysiologischen Verhalten unterscheiden.

Da die Symbiose nicht cyklisch ist, erfolgt die Infektion bei jeder Pflanze kurz nach der Keimung aufs neue aus dem Boden auf dem Weg über die Wurzelhaare oder über das

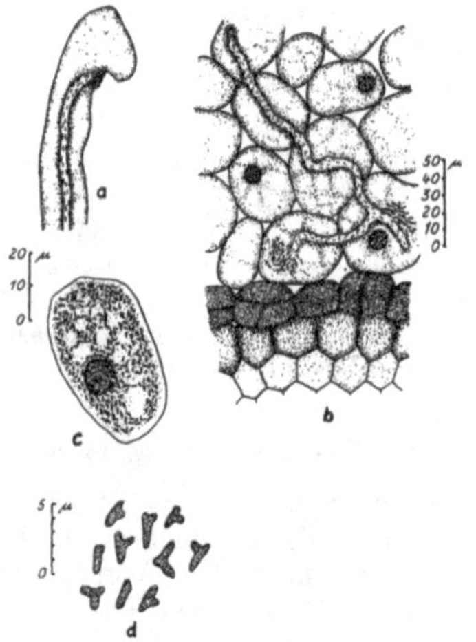

Abb. 18. *Rhizobium leguminosarum.* (a) Infektion eines Wurzelhaares, Infektionsfaden im Wurzelhaar (nach FAHRAEUS). (b) Übertritt der Bakterien aus dem Infektionsschlauch in das Cytoplasma der Wirtszelle. Erste Anlage des Knöllchenmeristems. (c) mit Bakterien besiedelte Zelle des Knöllchens. (d) Bakterioiden von verschiedenen *Rhizobium*-Rassen.

Epiblem (Abb. 18). Der ganze Vorgang weist eine unverkennbare Ähnlichkeit mit einer parasitären Infektion auf. Die Bakterienzellen dringen zunächst auf eine noch nicht genau bekannte Weise in ein Wurzelhaar oder eine Epiblemzelle ein, dann vermehren sie sich und wandern in einer strangförmigen schleimigen Zooglöa, von der die Zellwände lokal aufgelöst werden, bis in die inneren Schichten der Wurzelrinde. Zunächst wird die Zooglöa infolge einer Abwehr-Reaktion der befallenen Zellen von einem Mantel aus Zellulose und Pektin umschlossen. In der Wurzelrinde geht von den Bakterien der Anreiz zur Bildung eines Meristems aus, das die Knöllchen erzeugt. Schließlich reißt die Umhüllung der Zooglöa, die Bakterien dringen unter lebhafter Teilung und

Vergrößerung der Stäbchen in das Cytoplasma der befallenen, stark vergrößerten Zellen ein. Hier vollzieht sich unter dem Einfluß der Wirtszelle eine eigenartige Umwandlung: Ein Teil der stäbchenförmigen Zellen wird zu unregelmäßig verdickten, verzweigten Bakterioiden. Außerdem setzt jetzt die N-Bindung durch den Symbionten ein.

In den ernährungsphysiologischen Beziehungen der beiden Partner zeigt sich ein deutlicher Wechsel während der Lebensgeschichte der Symbiose. Auf ein einleitendes Stadium, bei dem die eindringenden Bakterien ein parasitäres Verhalten bei nur geringer Virulenz zeigen und sämtliche Nährstoffe aus den Wirtszellen beziehen, folgt ein zweites Stadium, bei dem Bakterioidenbildung und N-Bindung einsetzen und, wie mit Hilfe von Isotopen nachgewiesen worden ist, ständig organische N-Verbindungen (wahrscheinlich Glutaminsäure und Asparaginsäure – vgl. Teil I S. 109) vom Knöllchengewebe an die Wirtspflanze abgegeben werden. Auch während dieses Stadiums bezieht *Rhizobium* Wasser, Mineralsalze, organische C-Verbindungen aus dem Knöllchengewebe. Schließlich werden zur Zeit der Blüten- und Fruchtbildung die Knöllchen durch einen Verdauungsvorgang entleert und sterben ab. Überlebende *Rhizobium*-Zellen gelangen beim Zerfall der Knöllchen in den Boden.

Nicht immer verläuft die Symbiose in dieser Weise. Es kann die Aggressivität der eindringenden Bakterien zu gering, die Abwehr des Wirtes zu stark sein, es kann aber auch der umgekehrte Fall eintreten, so daß sich insgesamt drei Möglichkeiten ergeben:

Wirt $>$ Bakterien: Die Bakterien vermögen nicht in die Wurzel einzudringen, oder sie werden, noch ehe es zur Knöllchenbildung kommt, abgetötet und resorbiert: Überwiegen der Abwehr über die Agressivität.

Wirt $\lessgtr$ Bakterien: Die Bakterien dringen ein, erzeugen Knöllchen, werden zur Bakterioidenbildung gezwungen, binden N, geben organische N-Verbindungen an die Wirtspflanze ab und werden schließlich beim Zerfall der Knöllchen größtenteils resorbiert: Typische Knöllchensymbiose.

Wirt < Bakterien: Die Bakterien dringen ein und schädigen das Wurzelgewebe, oder sie bilden Knöllchen, ohne daß es zur Bakterioidenbildung, N-Bindung und Resorption kommt: Parasitismus der Rhizobien in der Wirtspflanze.

Stickstoffbindende Actinomyceten finden sich als Symbionten in knöllchenförmig verdickten, verzweigten Kurzwurzeln (Rhizothamnien) von *Alnus*-Arten, ferner bei Elaeagnaceen, *Myrica Gale*, *Casuarina*. Ihre Reinkultur ist noch nicht gelungen.

c) *Mykorhizenbildung*

Der Name „Mykorhiza" geht auf Frank (1879) zurück. Eine Mykorhiza ist ursprünglich eine pilzführende Wurzel. Später wurde die Bezeichnung ausgedehnt auf die in Thallusteilen von Kryptogamen und in Rhizomen sowie auf die im Bereich des Wurzelsystems lebenden Pilze. Untersuchen wir das Wurzelsystem einer beliebigen Pflanze, so finden wir wohl regelmäßig an seiner Oberfläche und in seiner nächsten Umgebung (Rhizosphäre) im Boden eine Häufung verschiedenartiger bodenbewohnender Pilze (peritrophe Mykorhiza) und anderer Mikroben, ohne daß sich indessen schon engere physiologische Beziehungen herausgebildet hätten. Dagegen sind bei zahlreichen höheren Pflanzen bestimmte Pilze in engere Verbindung zu Wurzeln oder Rhizomen getreten; sie umhüllen, aus dem Boden kommend, als ektotrophe Mykorhiza (Abb. 19) die Wurzel mit einem dichten Hyphenmantel, dringen auch unter Auflösung der Mittellamellen interzellulär in das Gewebe der Wurzelrinde ein, oder sie besiedeln als endotrophe Mykorhiza Zellen der Wurzelrinde oder Rhizomrinde (Abb. 20), Prothallien oder den Thallus von Lebermoosen und entsenden einzelne Hyphen in den Waldboden (Emissionshyphen). Ektotrophe Mykorhizen oder Übergangsformen zu den endotrophen finden wir bei fast allen Laub- und Nadelhölzern. Die endotrophe Mykorhiza ist so weit verbreitet, daß wir nur einige Familien als Beispiel angeben wollen, deren Angehörige wohl ausnahmslos verpilzte

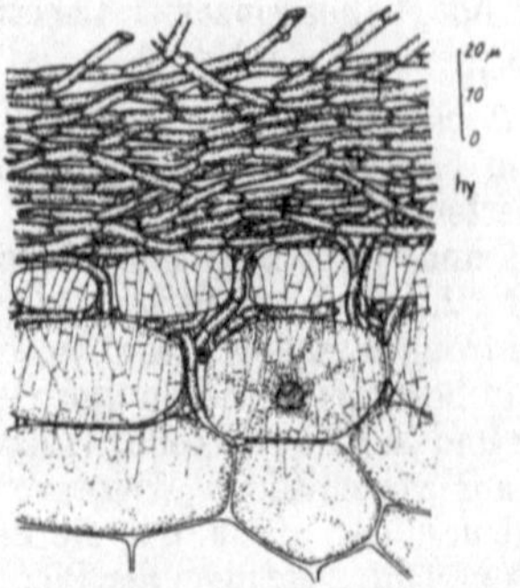

Abb. 19. **Ektotrophe Mykorhiza** bei *Picea excelsa* (vereinfacht). Saugwurzel mit Hyphenmantel (hy) und interzellulär in das Rindengewebe der Wurzel eindringenden Hyphen.

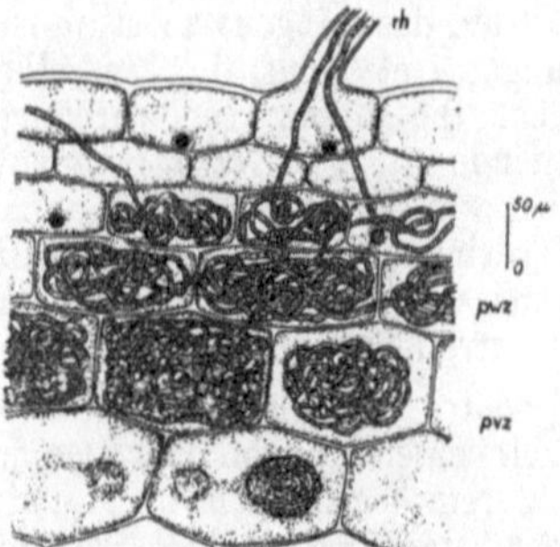

Abb. 20. **Endotrophe Mykorhiza** bei *Platanthera chlorantha* (vereinfacht). rh: Wurzelhaar mit Emissionshyphen; pwz: Zwei Schichten Pilzwirtzellen; pvz: Zwei Schichten Pilzverdauungszellen; rechts und unten bei fortgeschrittener Verdauung des abgetöteten Pilzmycels und Verklumpung der Rückstände.

Wurzeln oder Rhizome aufweisen: Ericaceen, Gentianaceen, Apocynaceen, Asclepiadaceen, Pirolaceen, Orchidaceen, Araceen. Auch bei Gefäßkryptogamen – (Prothallien der Lycopodiaceen, Rhizome und Prothallien der *Psilotales* und *Ophioglossales*, Wurzeln von Lycopodien, Selaginellen und

Farnen) – und im Thallus einzelner Lebermoose sind endotrophe Pilze nachgewiesen worden.

Die physiologischen Beziehungen sind außerordentlich mannigfaltig und bewegen sich vom einfachen Parasitismus bis zu komplizierten Zuständen, bei denen der Stoffwechsel des Symbionten und des Wirtes eng ineinander greifen und das Übergewicht schließlich auf Seiten der Wirtspflanze liegt, die bei der endotrophen Mykorhiza offensichtlich den eingedrungenen Pilz in bestimmten Zellen und Geweben lokalisiert (Pilzwirtszellen) und in anderen Zellen (Pilzverdauungszellen) das Pilzmycel auf verschiedene Weise verdaut. Zahlreiche Erscheinungen deuten darauf hin, daß die Besiedelung keineswegs reibungslos verläuft, nachdem der Pilz, vermutlich durch einen positiven Chemotropismus geleitet, eingedrungen ist. Die befallenen Zellen vergrößern sich, ebenso die Zellkerne; Wurzeln und Rhizome schwellen an, nehmen keulenförmige, koralloide Gestalt an, das Längenwachstum ist gestört, dichotome Verzweigungen treten auf, die Wurzelhaarbildung wird häufig unterdrückt, die Pflanze versucht durch eine von der Zellwand ausgehende Buchsen- oder Kappenbildung um die Hyphen, ähnlich wie bei eindringenden Haustorien (vgl. Abb. 13), das Vordringen des Pilzes zu verhindern, kurz, es können Symptome auftreten, wie wir sie auch beim Angriff pathogener Pize antreffen.

Es ist nicht weiter verwunderlich, wenn schon bei der Infektion der keimenden Samen oder der jungen Pflanzen oder auch in späteren Abschnitten der Entwicklung bei Veränderungen in der Vitalität der beiden Partner Störungen der Eusymbiose auftreten, die sich in der völligen Vernichtung des eindringenden Pilzes oder in seiner ungehemmten Ausbreitung in den Geweben äußern.

Mannigfaltig wie die äußeren Erscheinungen der Symbiose ist auch die Artzugehörigkeit der Mykorhizenpilze. Soweit eine Bestimmung der Pilze überhaupt möglich war, treffen wir, wie einige Beispiele zeigen, auf Phycomyceten, Ascomyceten, Basidiomyceten, Fungi imperfecti, also auf Vertreter aller großen Gruppen.

Wirtspflanze	Typ der Mykorhiza	Artzugehörigkeit der Pilze
Lebermoose	endotrophe Mykorhiza im Stämmchen oder in der Mittelrippe des Thallus z. B. bei *Preissia*, *Fegatella*, *Marchantia*, *Calypogeia*	Meist Phycomyceten, vereinzelt Ascomyceten (*Pezizeae*) und Fungi imperfecti (*Rhizoctonia*)
Gefäßkryptogamen	endotrophe Mykorhiza in Rhizomen, Wurzeln oder Prothallien	Phycomyceten
Waldbäume	ektotrophe (Kiefer, Fichte, Lärche), ektoendotrophe (Weißbirke, Zitterpappel) oder überwiegend endotrophe Mykorhiza (Wacholder)	Zahlreiche den Humusboden der Wälder bewohnende Hymenomyceten (Arten der Gattungen *Amanita*, *Boletus*, *Cortinarius*, *Lactarius*, *Tricholoma* usw.) und einige Gastromyceten (*Rhizopogon*, *Scleroderma*)
Ericaceen	endotrophe Mykorhiza auf das Wurzelepiblem beschränkt und ersetzbar durch nicht-aggressive Pilze, die im Substrat leben und dort Hemmstoffe beseitigen	Nicht-fruktifizierende Mycelien, die zwischen verschiedenen Ericaceen ausgetauscht werden können. Fehlt die Mykorhiza, so ermöglichen im Boden lebende Pilze (*Penicillium*, *Phoma* usw.) das Wachstum der Ericaceen

Wirtspflanze	Typ der Mykorhiza	Artzugehörigkeit der Pilze
Orchideen	endotrophe Mykorhiza	Bei autotrophen Orchideen meist *Rhizoctonia*, seltener Hymenomyceten (*Corticium*). Bei heterotrophen Moderorchideen meist Hymenomyceten (*Marasmius*, *Xerotus*, *Armillaria*), seltener *Rhizoctonia*

Bedeutung der Mykorhiza. Die Mykorhizen-Symbiose ist nicht cyklisch geworden. Stets erfolgt Neuinfektion der jungen Keimpflanzen vom Boden aus. In vielen Fällen sind Reinkultur der Pilze und künstliche Synthese der Mykorhiza gelungen. Getrennte Aufzucht der Partner, Reinkultur des Pilzes auf verschiedenen Nährsubstraten und aseptische Aufzucht der Wirtspflanzen aus keimfrei gemachten Samen haben Einblicke in die ernährungsphysiologischen Zusammenhänge ermöglicht, ohne daß es bisher gelungen wäre, ein völlig klares Bild zu gewinnen. Eine einheitliche, für sämtliche Mykorhizen übereinstimmende Deutung der Symbiose kann auch gar nicht erwartet werden.

Bei autotrophen Bryophyten und Pteridophyten scheint ein gemäßigter Parasitismus der Pilze vorzuliegen. Die Abwehr der Wirtspflanze führt schließlich zur Verdauung des Pilzmycels. Bei Ericaceen können die Mycorhizenpilze verschiedener Arten untereinander ausgetauscht werden. Ihre Aufgabe besteht anscheinend darin, daß sie schädliche Bodenbestandteile beseitigen. Im Syntheseversuch sind sie durch freilebende Bodenpilze ersetzbar. Bei den Waldbäumen ist die Spezialisierung einzelner Pilze auf bestimmte Baumarten ebenfalls gering. Besonders enge Bindung gibt sich daran zu erkennen, daß man Fruchtkörper dieser Pilze nur in der Nachbarschaft der betreffenden Baumart findet, z. B. *Boletus scaber* unter Birken, *Boletus elegans* unter Lärchen. Nachstehend sind einige Beziehungen dargestellt; bevorzugte Verbindungen sind durch ausgezogene Linien hervorgehoben:

Bei der künstlichen Synthese, die z. B. bei Kiefer und Fichte Melin als erstem gelungen ist, zeigt sich, daß sämtliche Saugwurzeln verpilzen und keine Wurzelhaare ausbilden. Fast die ganze Ernährung der Wirtspflanze mit Ausnahme der durch Assimilation erzeugten Kohlenhydrate läuft also über den Pilz. Über den Pilz können organische N-Verbindungen des Bodens verwertet werden (im Experiment Pepton, Nukleinsäure), die der Wirtspflanze ohne Vermittlung durch den Pilz nicht zugänglich sind. Aber auch die Pilze wachsen in Verbindung mit der Wirtspflanze besser als in absoluter Reinkultur.

Bei den besonders durch Burgeff untersuchten Orchideen ist schon die Keimung der sehr kleinen, aber in großer Menge erzeugten Samen an eine frühzeitige Infektion des wenig entwickelten Embryos gebunden, während ältere Pflanzen mancher Arten wieder pilzfrei werden können. Nur ein geringer Teil der Samen wird durch Pilze infiziert, die gerade den richtigen Grad von Aggressivität bei fehlender Virulenz besitzen, so daß es zu einer dauernden Besiedelung des Embryos und zu fortschreitendem Wachstum kommt. In allen anderen Fällen geht der Keimling schließlich zugrunde, da seine eigenen Reservestoffe nicht bis zum Ergrünen ausreichen oder da er dem parasitären Angriff unterliegt:

Reaktion des Keimlings mit

- peritrophen Pilzen: Keine Aggressivität, keine Virulenz, also keine Infektion. Kurzfristige Entwicklung des Keimlings, wenn der Pilz im Substrat unlösliche oder schwer verwertbare Nährstoffe spaltet und sie dem Keimling zugänglich macht.
- symbiontischen Pilzen. Aggressivität vorhanden bei wechselnder Virulenz:
  - Einfacher Parasitismus
    - Keimling vom eingedrungenen Pilz, der sich als virulent erweist, früher oder später vernichtet.
    - Pilz infolge zu starker Abwehr abgetötet und verdaut. Keimling stirbt aus Nährstoffmangel.
  - Eusymbiose: Fehlende oder geringe Virulenz bei nicht zu starker Abwehr. Der eingedrungene Pilz wird lokalisiert, z. T. verdaut, aber nicht völlig vernichtet, so daß die typische Mykorhiza entsteht.

Bis zur Entfaltung der Laubblätter ist die Keimpflanze also völlig vom Pilz abhängig. Außer organischen Nährstoffen, ferner mineralischen Salzen und Wasser, soweit sie nicht unabhängig vom Pilz unmittelbar aus dem Boden aufgenommen werden, liefert der Pilz auch Vitamine (Wirkstoffe). Später setzt bei grünen Orchideen die Assimilation ein und produziert organische C-Verbindungen, während im allgemeinen die übrigen Nährstoffe, vor allem auch N-Verbindungen, weiterhin dem Pilz entzogen werden. Es besteht die

Möglichkeit, daß umgekehrt der Pilz jetzt der Wirtspflanze Kohlenhydrate, die aus der Assimilation stammen, entzieht. Bei heterotrophen, chlorophyllfreien Wirtspflanzen wird die Bedeutung des Pilzes für die Ernährung der Wirtspflanze besonders klar. Hier ist die Wirtspflanze während ihrer gesamten Entwicklung bis zur Blüten- und Samenbildung vom Mykorhizenpilz abhängig. Die Moderorchideen, einige Burmanniaceen, der Fichtenspargel *(Monotropa hypopitys)* u. a. gehören in diese Gruppe. Der Pilz schließt im Waldboden vorhandene, schwer verwertbare Nährstoffe, wie Zellulose, Holz, N-Verbindungen des Humus auf und assimiliert sie; die Wirtspflanze nutzt diese ihr unmittelbar nicht zugänglichen Nährstoffe auf dem Weg über das Pilzplasma aus, ist also in der Versorgung mit organischen C- und N- Verbindungen und zum großen Teil wohl auch mit Mineralsalzen und Wasser auf den Pilz angewiesen.

5. Eusymbiosen bei Tieren

Den grundlegenden Untersuchungen BUCHNERS und seiner Schüler verdanken wir in erster Linie unsere Kenntnisse über Verbreitung und Entwicklungsgeschichte der vielgestaltigen Symbiosen von Bakterien, Pilzen, Algen oder Protozoen mit Vertretern aus zahlreichen Gruppen der Protozoen und Metazoen, besonders der Insekten. Bei Bakterien und Pilzen handelt es sich überwiegend um cyklische Endosymbiosen, bei denen die Symbionten extra- oder intrazellulär in ihrem Wirt leben und auf die Nachkommen übertragen werden[1]). Oft sind sie in besonderen Wirtszellen (Mycetocyten, Bacteriocyten) oder Organen (Mycetome[2])) lokalisiert. Entwicklungsgeschichte und Übertragungsweise sollen hier nicht behandelt werden[3]), dagegen wollen wir auf die physiologischen Verhältnisse eingehen.

---

[1]) Auch unter den Dyssymbiosen gibt es cyklische Formen. Bei *Lolium temulentum* ist ein wechselnder Prozentsatz der Pflanzen von einem Pilz, *Chaetomium Kunzeanum*, infiziert, der in die Samenanlagen eindringt und auf diese Weise an die nächste Generation weitergegeben wird. In den reifen Loliumkörnern ist das Mycel zwischen Samenschale und Aleuronschicht lokalisiert.

[2]) Die Bezeichnung wird in gleicher Weise für Pilz- und Bakterienorgane benutzt.

[3]) Vgl. zu diesem Abschnitt BUCHNER, Symbiose der Tiere mit pflanzlichen Mikroorganismen, Sammlung Göschen, Bd. 1128.

a) Eusymbiosen mit autotrophen Mikroben (Cyanophyceen, Grünalgen, Phytoflagellaten)

Grüne Algen (Zoochlorellen), gelbbraune Flagellaten (Zooxanthellen) und Cyanophyceen (Zoocyanellen) treten als Symbionten bei Protozoen, Schwämmen, Coelenteraten und Turbellarien auf. Die Zoochlorellen herrschen im Süßwasser vor, sie gehören zu den einzelligen Chlorophyceen (Protococcales). Im Meerwasser treffen wir in erster Linie Zooxanthellen als Symbionten an, die vorerst in der Gattung *Chrysidella* (Cryptochrysidaceen) zusammengefaßt werden. Cyanophyceen sind erst in einigen Fällen als Symbionten von Protozoen (Rhizopoden, Flagellaten) bekannt geworden.

Durch Verdunklung, Temperaturänderung, reichliche Ernährung und andere Maßnahmen ist es in einer Reihe von Fällen gelungen, die Wirtstiere algenfrei zu machen, so z. B. *Paramaecium bursaria*, *Chlorohydra viridissima*, *Convoluta roscoffensis* (Strudelwurm). Auch künstliche Symbiosen lassen sich bei algenfreien Wirten durch Verfütterung von Algen erzeugen, wobei sich herausstellt, daß nur ganz bestimmte Algenarten oder -rassen unverdaut bleiben und als Symbionten in bestimmte Teile des Tierkörpers übertreten. Ferner geht aus Versuchen mit Protozoen hervor, daß sich selbst Wirtsarten der gleichen Gattung den zugeführten Algen gegenüber verschieden verhalten: Während z. B. *Paramaecium bursaria* und *Amoeba viridis* Symbionten führen, gelingt es nicht, Algen in *Par. caudatum* oder *Amoeba proteus* anzusiedeln.

Für die Beurteilung der ernährungsphysiologischen Beziehungen zwischen den Partnern ist wesentlich, daß die chlorophyllführenden Algen C-autotroph sind. Der C-heterotrophe Wirt ist also zum mindesten zeitweise von der Zufuhr geformter oder gelöster organischer Nährstoffe unabhängig, wenn er Algenzellen abgetötet und verdaut oder von den Algen abgegebene organische Nährstoffe verwertet. Er verträgt ferner Hungerperioden am Licht besser als bei Ausschaltung der Assimilation in Dunkelkulturen. Experimente und Beobachtungen mit *Paramaecium bursaria*, *Chlorohydra*, *Convoluta* und anderen haben gezeigt, daß eine derartige Ausnutzung der Algen tatsächlich stattfindet, wenn auch noch unklar ist, welche Bedeutung ihr unter natürlichen Lebensbedingungen zukommt. Auch scheint der bei der Assimilation frei werdende Sauerstoff bei der tierischen Atmung Verwendung zu finden, während umgekehrt die Atmungskohlensäure des Wirtes im Assimilationsprozeß verwertet wird.

b) Eusymbiosen mit heterotrophen Mikroben (Bakterien, Pilze, Protozoen)

Auch hier ist es bei der Vielfältigkeit der Erscheinungen unmöglich, auf Einzelheiten einzugehen. Als Wirte kommen vor allem in Frage: Insekten, ferner Arachnoiden (Milben, Zecken), Würmer, Cephalopoden, Tunikaten, Mollusken, Fische (Teleostier). Immer sind es nur bestimmte kleinere oder größere Gruppen, die Symbionten führen, aber bei den betreffenden Arten werden nie oder nur selten symbiontenfreie Individuen angetroffen. Die Frage der Kultivierbarkeit ist erst bei einem Bruchteil der Symbiosefälle geprüft worden. Oft waren die Ergebnisse widerspruchsvoll, oder die Versuche verliefen negativ. Dies wird verständlich, da die Symbionten in vielen Fällen durch die ununterbrochene symbiontische Lebensweise stark verändert und offenbar eng an den Stoffwechsel ihres Wirtes gebunden sind.

Bei positiven Ergebnissen tritt bei symbiontischen Bakterien und Pilzen nicht selten Dimorphismus auf und erschwert die Beurteilung der Ergebnisse, d. h. die Wuchsform in der Reinkultur ist von der symbiontischen Wuchsform verschieden (Abb. 21).

Wir beschränken uns auf eine kurze Charakterisierung der wichtigsten Gruppen:

Der Versuch einer Gruppierung nach ökologischen Gesichtspunkten ergibt, daß mehr oder weniger deutliche Beziehungen zur Ernährung und Lebensweise bestehen.

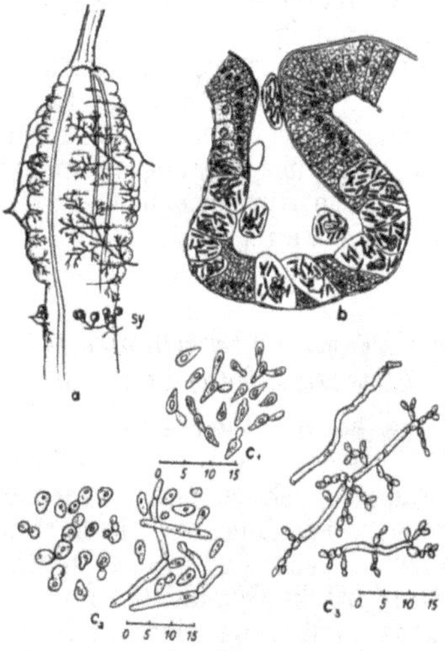

Abb. 21. Darmwandsymbiose mit Hefepilzen bei den Larven von Bockkäfern (Cerambyciden). (a) *Harpium sycophanta*, Mitteldarmabschnitt, dessen knospenförmige Anhänge von Symbionten besiedelt sind (sy.). (b) *Asemum spec.*, Schnitt durch eine infizierte Mitteldarmausstülpung. Mycetocyten im Epithel; einige sind in das Darmlumen übergetreten. (c) Symbionten von *Rhagium bifasciatum*, (c_1) frisch isoliert; (c_2) Kultur in Würze nach 7 (links) und 14 Tagen; (c_3) oben Schlauchzelle aus einer Kultur in der Lymphe lebender Raupen, unten nach Übertragung in Würze, sprossend (a, b nach BUCHNER, c nach MÜLLER-STOLL).

Pflanzensaft saugende Insekten: Blattwanzen (Heteropteren), Blattläuse (Aphiden), Schildläuse (Cocciden), Zikaden (Cicadiden) und einige kleinere Gruppen. Symbiontische Bakterien, die oft kaum noch als solche zu erkennen sind (Schlauchformen, große rundliche und polygonale Zellen, Involutionsformen). Bei Schildläusen und Zikaden kommen auch hefeartige Pilze vor (Pseudosaccharomyceten und Hefeformen von mycelbildenden Ascomyceten). Lokalisation im Darmrohr oder Darmepithel, in der Lymphe, in Zellen des Fettkörpers, in Mycetocyten oder in Mycetomen.

Wirtstiere, die Wirbeltierblut saugen, zum Teil auch Hornsubstanz angreifen: Blutegel (Hirudineen), Zecken (Ixodiden, Argasiden), Milben (Gamasiden), Wanzen (Triatomiden, Cimiciden), Läuse (Anopluren), Federlinge (Malophagen) und einige kleinere Gruppen. Als Symbionten treten Bakterien auf und in einigen Fällen Actinomyceten (*Nocardia* bei Triatomiden). Lokalisation meist in Beziehung zum Magendarmrohr. Bei den Hirudineen sind in einigen Fällen nebeneinander zwei Symbiosen vorhanden. *Hirudo medicinalis* führt z. B. Symbionten im Darm und in den Nephridien.

Wirtstiere, die sich von Cellulose-reichen Pflanzenteilen ernähren oder im Holz leben: Zahlreiche Käferfamilien (Anobiiden, Cerambyciden, Curculioniden, Chrysomeliden, Silvaniden usw.). Zahlreiche Ausnahmen sind in dieser Gruppe vorhanden, ohne daß sich das Fehlen einer Symbiose aus Unterschieden in der Lebensweise erklären läßt, z. B. bei Bockkäfern (Cerambyciden) und Blattkäfern (Chrysomeliden). Als Symbionten sind Bakterien, sporenbildende Saccharomyceten und Pseudosaccharomyceten nachgewiesen worden. Lokalisation meist im Bereich des Mitteldarms, seltener im Fettgewebe und in Nephridien. Hierhin gehören auch die regelmäßig vorkommenden Bakterienansammlungen in Abschnitten des Darmlumens („Gärkammern" des Enddarmes oder Mitteldarmes) in den Larven von Lamellicorniern[1]), Tipuliden (Bachmücken) und vielleicht auch die Pilze im Darm von Passaliden, ferner die Bakterien und Flagellaten im Enddarm von holzfressenden Termiten[2]). Es handelt sich noch um verhältnismäßig lockere Verbindungen, worauf schon die extracelluläre Lebensweise hindeutet; Verbindungen, die jeweils durch Neuinfektion zustande kommen und oft noch Beziehungen zu einem einfachen Kommensalismus erkennen lassen und trotzdem für einen Teil der Wirte erhebliche Bedeutung besitzen. In die gleiche Gruppe von Erscheinungen gehören die Anhäufungen von Bakterien und Ciliaten im Pansen der Wiederkäuer.

Bei Regenwürmern (Lumbriciden) und bei einigen Schnecken (Cyclostomatiden, Annulariiden) leben die Symbionten in Exkretionsorganen. Bei Lumbriciden sind es Bakterien im Lumen der Nephridien. Bei den Schnecken treten in den geschlossenen Speichernieren, in denen Harnsäure und andere Purinkonkremente abgelagert werden, Bakterien in großer Zahl auf.

Auch die Ambrosiazüchter müssen in dieser Gruppe genannt werden: Holzbewohnende Larven von Käfern (einige Ipiden, Platypodiden usw.) und Holzwespen (Siriciden), ferner Blatt-

[1]) Mistkäfer (Coprophaginen), Laubkäfer (Melolonthinen), Hirschkäfer (Lucaniden).

[2]) Unterfamilie der Termitiden.

schneideameisen (Attinen) und Termiten, die Pilze in ihrer Umgebung züchten und als Nahrungsbestandteil verwerten. Die Pilze in den Pilzgärten der Ameisen und Termiten und in dem von Siriciden-Larven befallenem Holz sind Basidiomyceten. Die Gänge der Käferlarven sind von Ascomyceten ausgekleidet.

Omnivore Wirtstiere: Die Schaben (Blattiden) führen bei allen bis jetzt untersuchten Arten in Mycetocyten des Fettgewebes stäbchenförmige Bakterien. Bei den Ameisen besitzen dagegen nur einzelne Arten symbiontische Bakterien, und aus entwicklungsgeschichtlichen Untersuchungen scheint hervorzugehen, daß die symbiontischen Einrichtungen bei dieser Gruppe im Abbau begriffen sind.

Leuchtsymbiose bei Meerestieren: Es ist eigenartig, daß Leuchtvorgänge bei Tieren allem Anschein nach verschiedenen Ursprung haben. Im einen Fall handelt es sich um Leuchtbakterien, die als Symbionten bei Meerestieren vorkommen oder gelegentlich als Parasiten auftreten, z. B. bei Flohkrebsen (Amphipoden) und Zuckmücken (Chironomiden).

Im anderen Fall sind alle Bemühungen, Bakterien als Lichterzeuger nachzuweisen, vergeblich gewesen, so bei Leuchtkäfern (Lampyris usw.), in den geschlossenen Leuchtorganen der im tiefen Wasser lebenden Cephalopoden (Ögopsiden) und der leuchtenden Fische der Tiefsee. Hier handelt es sich offenbar um einen Leuchtvorgang, der an tiereigene Enzymsysteme gebunden ist. Eine Leuchtsymbiose ist nachgewiesen worden bei Cephalopoden des flachen Wassers (Myopsiden), bei Tunikaten (Pyrosomen, Salpen), bei einigen Knochenfischen (Anomalopiden, Gadiden usw.).

Ähnlich wie bei den Eusymbiosen der Pflanzen treffen wir auch bei den Eusymbiosen der Tiere, wenn auch nicht in so ausgeprägter Weise, auf parasitäre Züge, die sich z. B. in einer ungeregelten Lokalisation oder in einer abnormen Vermehrung der Symbionten, begleitet von einer allgemeinen Überschwemmung der Gewebe des Wirtes mit Symbionten zeigen können. Davon abgesehen, unterliegen sowohl Vermehrung und Lokalisation der Symbionten wie Art und Weise der Weitergabe an die nächste Generation völlig der Kontrolle des Wirtes. Nicht selten findet man eine Häufung verschiedener Symbiontenarten oder -rassen bei der gleichen Wirtsart, besonders bei einigen Gruppen der Blutsauger und Pflanzensaftsauger und in den Leuchtorganen der Cephalopoden, am ausgeprägtesten bei Zikaden, bei denen bis zu 6 Symbiontentypen bei einigen Spezies vorkommen[1]). Es mag dies mit den immunbiologischen Eigenschaften der Symbiontenträger zusammenhängen, über die leider kaum näheres bekannt ist. Durchweg handelt es sich um Mikroorganismen, die, ähnlich wie die Eusymbionten der Pflanzen, zwar aggressiv, aber meist nicht oder nur wenig virulent sind.

In vielen Fällen ist es zu einer Abhängigkeit des Wirtes von seinen Symbionten gekommen: Nach der künstlichen Trennung der Symbiose durch Verhinderung der Übertragung auf die Nachkommen oder durch Abtötung der Symbionten im Wirt treten bei den symbiontenfreien Wirtstieren Ausfallerscheinungen auf; in anderen Fällen fehlen sie.

Dies führt zur Frage nach der Bedeutung der Symbiose. Eine einheitliche Beantwortung ist nicht möglich. Der äußeren Mannigfaltigkeit der Erscheinungen entspricht ein ganz verschiedener Stand der physiologischen Beziehungen. Neben Fällen, in denen die Symbionten als harmlose Parasiten anzusprechen sind, finden wir andere, bei denen der Wirt auf seine Symbionten angewiesen ist und unter den Bedingungen seines Biotops bei seiner gewohnten Nahrung nicht ohne sie existieren kann. Bei der Leuchtsymbiose und bei den Pilzzüchtern sind die Beziehungen leicht zu erkennen. Im ersten Fall kann das Leuchten zur Anlockung von Beutetieren oder zum Erkennen der Geschlechter, vielleicht auch als Schreckmittel dienen; im zweiten Fall sind die Pilze ein wesentlicher Nahrungsbestandteil. Schwieriger liegen die Verhältnisse bei cyklischen Endosymbiosen, für die eine Reihe von Hypothesen aufgestellt und zum Teil gut begründet worden ist, aber auch in diesen Fällen muß man sich hüten, die Ergebnisse zu

[1]) Von BUCHNER als Hauptsymbionten, Nebensymbionten, akzessorische Symbionten usw. bezeichnet. Bei den Eusymbiosen der Pflanzen ist diese Erscheinung höchstens angedeutet. In den Wurzelknöllchen der Leguminosen und in Rhizothamnien findet man gelegentlich Bakterien oder Pilze, als wenig auffällige Begleiter der Symbionten. Im Thallus der Flechten sind neben den legitimen Partnern der Symbiose Pilze beobachtet worden, die offenbar als Parasiten im Flechtenthallus leben; auch Bakterien können als Begleitorganismen auftreten.

verallgemeinern. Voraussetzung für die experimentelle Prüfung ist die Unterbrechung des symbiontischen Cyclus, d. h. der Weitergabe der Symbionten an die nächste Generation. Dies kann auf verschiedenen Wegen erreicht werden, z. B. durch eine Hitze- oder Hunger-Behandlung der Symbiontenträger oder durch eine aseptische Behandlung der Eier, deren Schale bei Triatomiden und in einigen anderen Fällen während der Eiablage mit Symbionten beschmiert wird.

Symbionten als Vitaminproduzenten: Reine Blutnahrung soll nach dieser Hypothese den Vitaminbedarf der Blutsauger an B-Vitaminen nicht voll decken, so daß eine Ergänzung durch Symbionten-Vitamine erforderlich ist; in erster Linie handelt es sich um Riboflavin, Pyridoxin, Pantothensäure. Fehlen die Symbionten, so treten Mangelerscheinungen auf, wie sie bei Triatomiden und Läusen beobachtet worden sind. Trotz reichlich gebotener Nahrung ist die Entwicklung der Larven gestört. Die Häutungen erfolgen verspätet oder bleiben aus, die Sterblichkeit in den symbiontenfreien Zuchten ist erhöht. Im weiblichen Geschlecht unterbleibt die Entwicklung der Ovarien. Zufuhr von Symbionten spätestens bis zum dritten oder vierten Larvenstadium (Triatomiden) beseitigt die Ausfallerscheinungen. Derselbe Effekt kann bei Triatomiden *(Rhodnius, Triatoma)* durch Injektion von Pantothensäure in die symbiontenfreien Larven erzielt werden. Bei einseitiger Kohlenhydrat-Ernährung, besonders in Form von Cellulose, treten bei Anobiiden *(Sitodrepa, Lasioderma)* die gleichen Störungen auf und lassen sich durch Verfütterung von Hefe heilen. Auch für Pflanzensaftsauger, Blattiden, Pilzzüchter ist die Vitaminhypothese diskutiert worden.

Symbionten als Stickstoffbinder: Bei Pflanzensaftsaugenden Insekten und bei holzbewohnenden Anobiiden und Cerambyciden ist vermutet worden, daß die relative Armut des Nährsubstrates an Eiweiß auf dem Weg über N-Bindung durch die Symbionten ausgeglichen wird. Mehrfach ist bei Reinkulturen von Symbionten das Vermögen zur N-Bindung wahrscheinlich gemacht worden, jedoch fehlt es noch an entscheidenden Versuchen unter Verwendung von Stickstoff-Isotop N_2^{15}.

Aufschluß der Nahrung durch die Symbionten: Bei Blutsaugern scheint in einzelnen Fällen die Verdauung des aufgenommenen Blutes mit Hilfe von Enzymen der Symbionten zu verlaufen, jedoch fehlt es auch hier an exakten Beweisen. Dagegen trifft die Enzymhypothese für den Cellulose-Abbau in den Gärkammern und im Termitendarm zu, wobei im zweiten Fall noch unsicher ist, welche Rolle die Bakterien neben den Flagellaten spielen. Auch im Pansen der Wiederkäuer wird Cellulose von Mikroorganismen angegriffen. Im Pansen kommt hinzu, daß Stickstoffverbindungen, die ohne Nährwert für den Wirt sind, wie Harnstoff, auf dem Umweg über das Mikrobengemisch des Pansens nutzbar gemacht werden können, indem sie zunächst von Darmmikroben assimiliert werden. Vom Wirt werden in all diesen Fällen entweder Spaltprodukte der Cellulose verwertet oder das Eiweiß absterbender Mikrobenzellen.

In ähnlicher Weise verwerten Mykorhizen-führende Pflanzen im Boden vorhandene organische Nährstoffe, die sie selbst nicht angreifen können, auf dem Weg über das Plasma der Mykorhizenpilze.

Abbau von Exkreten durch Symbionten: Lokalisation von Symbionten in Exkretionsorganen (Speichernieren, Nephridien) sowie Fehlen oder Rückbildung der Malpighischen Gefäße bei Symbiontenträgern (Cocciden, Aphiden) ließen die Vermutung aufkommen, daß die Symbionten Konkremente von Purinkörpern im eigenen Stoffwechsel verwenden ehe sie selbst schließlich vom Wirt resorbiert werden. Der Nachweis der Verwertung von Harnsäure oder Harnstoff durch Reinkulturen der Symbionten aus Cocciden (*Lecanium*, *Pseudococcus*), Aphiden, Blattiden, Blattwanzen (*Mesocerus*) scheint für die Richtigkeit der Hypothese zu sprechen. Es muß jedoch sofort die Frage gestellt werden, wieweit die an Reinkulturen gewonnenen Ergebnisse von Bedeutung für das Geschehen in der Symbiose sind.

6. Immunbiologische Grundlagen

Bei der Mehrzahl der Fälle von Eusymbiose und Parasitismus dringen die Mikroorganismen in die Zellen und Gewebe des Wirtes ein, so daß die natürliche Keimfreiheit der lebenden Gewebe durchbrochen wird. Oder wir finden, daß zwar die Keimfreiheit gewahrt wird, daß aber Stoffwechselprodukte der Mikroben in die Gewebe diffundieren oder in die Blutbahn gelangen und dort bestimmte Wirkungen auslösen.

Immer wieder stoßen wir auf Symptome eines Kampfes, in dem Aggressivität und Resistenz, Virulenz und Immunität gegeneinander abgewogen werden. Die Erforschung der Reaktionen von Zellen und Geweben sowie der hierbei wirksamen Stoffe, ihrer Entstehung und Reaktionsweise ist Aufgabe der Immunbiologie oder Immunitätslehre.

Die Immunbiologie hat ihren Ausgang von Untersuchungen über das Verhalten des Menschen gegenüber pathogenen Bakterien genommen. Sie ist heute zu einem eigenen umfangreichen Forschungsgebiet geworden. Erst in den letzten Jahrzehnten hat man versucht, immunbiologische Gesichtspunkte auf Insekten und Pflanzen als Wirtsorganismen und auf die Eusymbiosen anzuwenden.

Die Immunität gegenüber einer bestimmten Krankheit kann angeboren (natürlich) oder erst im Lauf des Lebens erworben sein. Sie ist aktiv erworben, wenn der Organismus die betreffende Infektionskrankheit überstanden hat. Es kann sogar genügen, ihm durch eine Vorbehandlung abgetötete oder abgeschwächte Krankheitserreger oder Viren (Schutzimpfung mit abgeschwächtem Pockenvirus) oder abgeschwächte Giftstoffe des Erregers (aktive Immunisierung gegen Diphtherie) zuzuführen, um gegenüber einer späteren spontanen Infektion eine kräftige Abwehr vorzubereiten. Bei der passiv erworbenen Immunität wird diese Arbeit dem Körper abgenommen, indem man ihm die fertigen Abwehrstoffe durch eine Impfung zuführt (Diphtherie-Schutzimpfung nach BEHRING). In manchen Fällen hält die erworbene Immunität zeitlebens an, in anderen schwindet sie wieder nach längerer oder kürzerer Zeit (Typhus). Schließlich gibt es auch Infektionskrankheiten, die keine Immunität hinterlassen (Influenza, Gonorrhoe).

Die Abwehr eines Krankheitserregers beruht auf zwei Gruppen von Erscheinungen: Im Blut treffen wir auf bestimmte Typen von weißen Blutkörperchen (Leukozyten), die sich als Phagozyten betätigen und ähnlich einer Amöbe Mikroben aufnehmen und verdauen. Wir finden ferner eine humorale, nicht an zelluläre Elemente des Blutes gebundene Abwehr. Sie beruht auf dem Vorhandensein von Abwehrstoffen, die im Blut kreisen und sich im Blutserum nachweisen lassen. Unter dem Einfluß dieser Stoffe werden z. B. Bakterien, die gleichmäßig in einer Aufschwemmung verteilt sind, bei Zufügung des die betreffenden Abwehrstoffe enthaltenden Immunserums noch durch starke Verdünnungen des Serums ausgeflockt (Agglutination), oder unter Quellungserscheinungen aufgelöst (Bakteriolyse), oder es findet eine Fällung statt, wenn das Serum mit dem Filtrat der Bakterienkultur vermischt wird (Präzipitation), oder es werden von der Bakterienzelle abgeschiedene Gifte (Toxine) durch Gegengifte (Antitoxine) des Serums gebunden. Alle diese Reaktionen sind im allgemeinen streng spezifisch, d. h. die Abwehrkräfte des Serums sind jeweils auf eine ganz bestimmte Art von Bakterien oder anderen Mikroorganismen eingestellt und reagieren nur mit dieser.

Um die verwickelten Vorgänge zu veranschaulichen, die sich zwischen eindringenden Mikroben und dem Wirt abspielen, wenden wir im Anschluß an die von Ehrlich aufgestellte Seitenkettentheorie eine bildliche Darstellung an.

Das Cytoplasma sämtlicher Zellen enthält kompliziert gebaute Eiweißkörper, die reaktionsfähige Gruppen („Seitenketten“) aufweisen. Ihre Aufgabe besteht darin, Nährstoffe, die durch den Blutstrom zugeführt werden, zu binden und in die lebende Substanz einzubauen. Sie werden als Rezeptoren oder haptophore Gruppen bezeichnet. Jede Zelle verfügt über verschiedene Arten von Rezeptoren. Hochmolekulare Verbindungen, die von Bakterienzellen, gewissermaßen als Stoffwechselprodukte abgeschieden werden, z. B. Bakterientoxine, besitzen ebenfalls haptophore Gruppen. Es kann geschehen, daß die haptophore Gruppe eines Bakteriengiftes, das in Berührung mit dem Zelleiweiß kommt, zu bestimmten Rezeptoren der Zelle paßt so wie ein Schlüssel zu einem Schloß. Dann findet eine Reaktion statt, bei der das Gift die be-

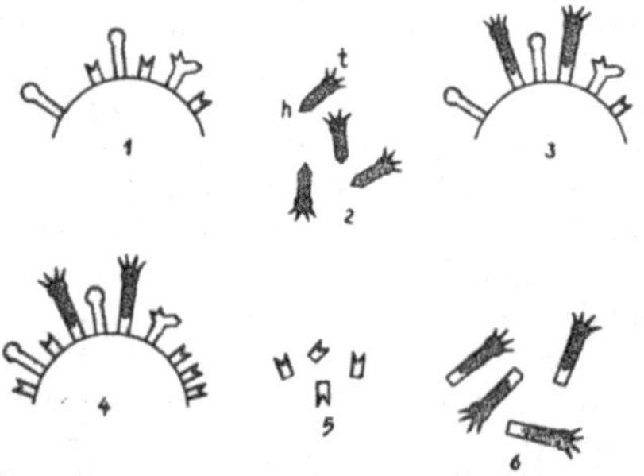

Abb. 22. Schematische Darstellung der Seitenkettentheorie nach EHRLICH (einfachster Fall). (1) Zelleiweiß mit verschiedenen haptophoren Gruppen (Rezeptoren). (2) Im Blut kreisendes Toxin mit haptophorer (h) und toxophorer (t) Gruppe. (3) Bindung des Toxins an das Zelleiweiß durch Vermittlung der zueinander passenden haptophoren Gruppen. (4) Ersatz der durch das Toxin blokkierten Zellrezeptoren im Überschuß. (5) Von der Zelle abgegebene überzählige Rezeptoren, die im Blut kreisen. (6) Reaktion der freien Rezeptoren („Antikörper") mit dem Toxin („Antigen").

treffenden Rezeptoren blockiert, so daß sie ihre normale Funktion nicht mehr erfüllen können. Auch die Giftwirkung denkt man sich gebunden an eine bestimmte chemische Gruppe des Giftes (toxophore Gruppe). Der Organismus reagiert auf den Ausfall der blockierten Rezeptoren, indem er sie neu erzeugt, nicht nur in der Menge, die ursprünglich vorhanden war, sondern im Überschuß. Die in zu großer Zahl gebildeten Rezeptoren werden von dem Gewebe, in dem sie entstanden sind, an das Blut abgegeben und kreisen in der Blutbahn. Sie sind auch hier befähigt, z. B. Toxin zu binden, noch ehe es sich an das Zelleiweiß anlagert, sie wirken als Abwehrstoffe, üben also eine Schutzwirkung aus. Das Serum ist dem betreffenden Toxin gegenüber zu einem Immunserum geworden (Abb. 22). Nur in einem Teil der Fälle verlaufen die immunbiologischen Vorgänge in so einfacher Weise durch Bindung je einer haptophoren Gruppe.

Alle Substanzen, die in der beschriebenen Weise auf die lebende Zelle wirken, bezeichnet man als Antigene. Hochmolekulare Körperbestandteile und Stoffwechselprodukte von

Bakterien, artfremde rote Blutkörperchen, jedoch auch reine Eiweißstoffe, Polysaccharide oder andere hochmolekulare organische Verbindungen können als Antigene wirken. Die Abwehrstoffe, die der Körper erzeugt, werden Antikörper genannt; sie sind spezifisch auf die Antigene eingestellt, die ihre Bildung hervorgerufen haben. Die Antikörper scheinen durchweg Eiweißstoffe zu sein, die vorwiegend in den Zellen der blutbildenden Organe entstehen. Antigene und Antikörper lassen sich im immunbiologischen Versuch in einer Antigen-Antikörperreaktion nachweisen. Je nach ihrer Wirkungsweise unterscheiden wir bei den Antikörpern Antitoxine, Agglutinine, Präcipitine, Bakteriolysine und Cytolysine.

Jede Bakterienart besitzt zahlreiche verschiedene Antigene, sie sind meist art- oder rassenspezifisch, was nicht ausschließt, daß hin und wieder auf Grund immunbiologischer Reaktionen das Vorkommen gleicher Antigene bei verschiedenen Bakterienarten nachgewiesen worden ist. Es ist gelungen, Anhaltspunkte über die Lokalisation von Antigenen innerhalb der Zelle zu gewinnen. Ausgangspunkt dieser wichtigen Feststellungen waren die Erscheinungen der Dissoziation (vgl. S. 47) und der damit verbundenen Veränderungen im immunbiologischen Verhalten. Das Vorhandensein von Geißeln oder von Kapseln ist z. B. mit der Anwesenheit bestimmter Antigene verbunden, die man sich in den Geißeln oder Kapseln lokalisiert denkt. Andere Antigene (somatische Antigene) scheinen an der Oberfläche oder im Inneren der Zelle lokalisiert zu sein.

Fallen z. B. bei der H/O-Dissoziation die Geißeln weg, so fehlen der geißellosen Variante die Geißelantigene. Werden Zellen der H-Form und der O-Form einer Bakterienart geeigneten Versuchstieren intravenös injiziert, so enthält das Serum nach einiger Zeit die entsprechenden Antikörper: Im ersten Fall H-Antikörper neben anderen, im zweiten Fall zwar O-Antikörper aber keine H-Antikörper. Bringt man nunmehr eine Aufschwemmung lebender, sich bewegender H-Zellen mit den beiden Immunseren zusammen, so läßt sich aus dem Verlauf der Agglutination erkennen, ob Antikörper gegen Geißelantigene oder nur gegen somatische Antigene vorhanden sind (Abb. 23). Im ersten Fall stellen die Geißeln ihre Bewegung ein, sie werden klebrig und lassen Auflagerungen erkennen. Es bilden sich

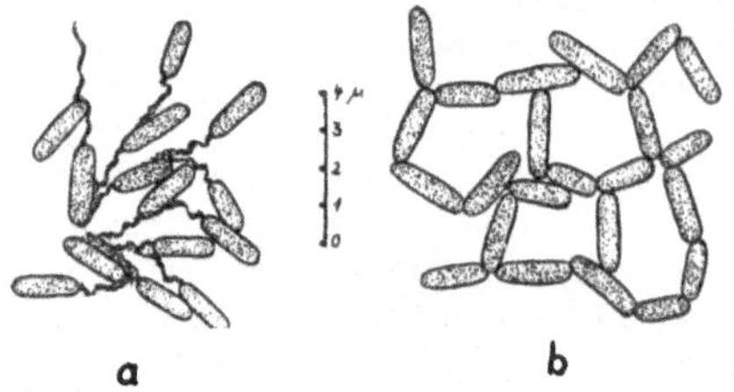

Abb. 23. *Salmonella typhosa.* Verlauf der Agglutination mit verschiedenen Antikörpern. (a) Immunserum mit Antikörpern gegen Geißelantigene: Die Geißeln stellen ihre Bewegung ein, sie zeigen Auflagerungen und verkleben miteinander und mit den Zellen. (b) Immunserum mit Antikörpern gegen somatische Antigene. Die (nicht eingezeichneten) Geißeln bleiben beweglich. Die Zellen verkleben, wenn sie zufällig miteinander in Berührung kommen. (Vereinfacht nach PIJPER.)

lockere Klumpen von Zellen, deren Geißeln miteinander verklebt sind. Im zweiten Fall behalten die Zellen ihr Bewegungsvermögen, stoßen sie zufällig bei der Bewegung aufeinander, so verkleben sie mit der Zelloberfläche.

Fragen wir nach dem Vorkommen immunbiologischer Vorgänge bei Pflanzen, so müssen wir berücksichtigen, daß Blut- und Lymphbahnen fehlen, daß starre Zellwände die einzelnen Protoplasten voneinander trennen, daß also immunbiologische Vorgänge, die beim Tier an das Blut gebunden sind und sich dem Körper als Ganzes mitteilen, kaum vorkommen werden. Wir treffen zwar auf angeborene Immunität, die ihrem Wesen nach von der angeborenen Immunität der Tiere in vielen Beziehungen verschieden ist. Abwehrreaktionen gegenüber dem Angriff parasitärer Mikroorganismen sind in großer Mannigfaltigkeit vorhanden. Es fehlt jedoch eine erworbene Immunität des Pflanzenkörpers als ganzes.

Auch der Nachweis spezifischer Antikörper ist nicht geglückt. Dagegen kommt eine lokale, an bestimmte Zellen oder Gewebe gebundene erworbene Immunität vor. Wir können sie z. B. bei Kartoffelknollen nachweisen, die eine Infektion mit *Phytophthora infestans* überstanden haben.

Bei den Eusymbiosen der Tiere scheinen immunbiologische Reaktionen verschiedener Art eine wichtige Rolle zu spielen. Bei den Eusymbiosen der Pflanzen kann man die Verdauung der Pilzhyphen bei der endotrophen Mykorhiza oder die allmähliche Auflösung von *Rhizobium leguminosarum* in den Leguminosenknöllchen mit der Phagocytose vergleichen, wenn auch den Pflanzen die bewegliche, amöboide Form der Phagocyten fehlt.

F. Zeittafeln zur Geschichte der Mikrobiologie

Nachstehend wird ein Überblick über einige wichtige Daten aus der Geschichte der Mikrobiologie gegeben. Als Quelle dienten Originalarbeiten und historische Abschnitte in verschiedenen Lehr- und Handbüchern der Mikrobiologie.

I. Erkennen und Ordnen

1. Mikroskop als Hilfsmittel

1658 Athanasius Kircher hat mit den um 1600 erfundenen Mikroskopen das Blut Pestkranker untersucht und darin winzige wurmartige Gebilde (*Vermiculi pestis*) gesehen.

1673/83 Van Leeuwenhoek untersucht mit selbst konstruierten Mikroskopen Schimmelpilze, Hefepilze, Protozoen und Bakterien. Er zeichnet sie und berichtet über seine Beobachtungen an die Royal Society in London.

Im XVIII. und XIX. Jh. werden zahlreiche Typen von zusammengesetzten Mikroskopen entwickelt.

1834 Pritchard untersucht mit einem achromatischen Mikroskop eine Bakterienart *Monas punctum*, die etwa 1/24 000 inch (1,1 μ) mißt.

1846 In Jena werden die Zeiss-Werke gegründet, die auf Anregung von Schleiden Mikroskope herstellen. Dort arbeiten in der zweiten Hälfte des XIX. Jh. Abbé, Schott und Zeiss eine Theorie der mikroskopischen Abbildung aus. Apochromate, Ölimmersionen und Beleuchtungsapparate werden konstruiert.

1903/07 Siedentopf, Zsigmondy und Reichert wenden die Dunkelfeldmikroskopie auf die Untersuchung von Bakterien an und konstruieren verbesserte Dunkelfeldkondensoren.

1904 Köhler und v. Rohr verwenden zu mikroskopischen Untersuchungen kurzwelliges Licht mit Quarzoptik (UV-Mikroskopie).

1939 Siemens konstruiert das erste Elektronenmikroskop für die Höchster Farbwerke. Heute werden Elektronenmikroskope verschiedener Arbeitsweise von etwa 20 Firmen hergestellt. Der Vergrößerungsbereich wird von 1 : 1500 bei Lichtmikroskopen auf etwa 1 : 30 000 für biologische Objekte im Elektronenmikroskop erweitert.

1941 Einführung des Phasenkontrastes von ZERNIKE in die Mikroskopie durch die ZEISS-Werke.

2. Mikrobiologische Technik

Sterilisation und Keimfreiheit

1854 SCHROEDER u. v. DUSCH benutzen Watte als Luftfilter.

1860/62 PASTEUR verwendet Autoklav und trockene Hitze zur Sterilisation.

Sterilisation unterhalb 100° C mit feuchter Hitze:

1864 PASTEUR (Pasteurisierung),

1877 TYNDALL (fraktionierte Sterilisation).

1881 KOCH, LOEFFLER und GAFFKY sterilisieren im strömenden Dampf (Dampftopf) bei 100° C.

Färbetechnik

1875/81 WEIGERT färbt abgetötete (fixierte) Bakterienzellen mit Anilinfarbstoffen.

1877 KOCH gelingt die Färbung „säurefester" Bakterienzellen (*Mycobact. tuberculosis*).

1844 GRAM unterscheidet mit Hilfe einer neuen Färbemethode zwei Gruppen von Bakterien (grampositive, gramnegative).

1884 BUCHNER färbt Bakteriensporen.

1889 LÖFFLER färbt die Geißeln von Bakterien.

Kulturverfahren

1857 PASTEUR: Verwendung von Nährlösungen zur Kultur von Bakterien.

1878 LISTER: Verdünnungsmethode zur Erzielung von Reinkulturen.

1881 KOCH verwendet Gelatineplatten nach BREFELD, um einzelne Bakterienkolonien zu erhalten.

1883/84 Frau HESSE und KOCH ersetzen zur Herstellung fester Nährböden Gelatine durch Agar-Agar.

1883 KOCH arbeitet eine Methode der Plattenkultur aus, um Keimgehalte zu bestimmen.

1887 PETRI führt eine nach ihm benannte Doppelglasschale zur Kultur von Mikroorganismen ein.

1893/94 LINDNER: Kultur von Hefepilzen im hängenden Tropfen zur Gewinnung von Einzellkulturen.

1892, 1902 WURTZ und DRIGALSKI u. CONRADI entwickeln die ersten diagnostischen Nährböden mit Zusätzen von Indikatoren und bactericiden Farbstoffen zum Nachweis pathogener Bakterien.

1909 BURRI isoliert einzelne Bakterienzellen mit Hilfe eines Tuscheverfahrens und erhält Einzellkulturen.

1922 Mikromanipulator nach CHAMBERS (LEITZ-Wetzlar) und
1923 nach JANSE und PÉTERFI (ZEISS-Jena).

3. Taxonomie

Bakterien, — Tier oder Pflanze?

1776 LINNÉ stellt die Bakterien als *Chaos infusorium* im *Regnum animale* zu den *Vermes*.

1773/86 O. F. MÜLLER führt im Anschluß an LINNÉ die binäre Benennung der Bakterienarten ein (z. B. *Monas termo*); er stellt ein System der *animalcula infusoria* auf.

1838 EHRENBERG unterscheidet 22 Familien von Infusionstierchen, zu denen auch die Bakterien gehören.

1854 COHN: Bakterien sind Pflanzen. Die in Infusionen lebenden Bakterien sollen Schwärmsporen eines Wasserpilzes sein.

1857 NÄGELI nennt die Bakterien „Spaltpilze" (Schizomyceten); sie vermehren sich durch Querteilung.

1866/67 HALLIER vertritt eine umfassende Pleomorphie der Mikroben: Bakterien, Hefen, Schimmelpilze einschließlich der Erreger von Infektionskrankheiten sollen sich ineinander umwandeln.

1874 BILLROTH faßt sämtliche bei Wundinfektionen und als Krankheitserreger auftretenden Bakterien zu einer einzigen Art, *Coccobacteria septica*, zusammen.

1866 DE BARY widerlegt die Lehre von der Pleomorphie.

1866 HAECKEL: Bakterien und andere Mikroorganismen sind weder Tier noch Pflanze, sie bilden als „Protisten" ein eigenes Reich.

1872/76 COHN führt die Bezeichnung „Bakterien" für Spaltpilze ein; er lehnt die Lehre von der Pleomorphie ab und stellt ein Bakteriensystem auf. Entdeckung der Sporenbildung bei *Bac. subtilis*. Bakterien und die verwandten Spaltalgen (Cyanophyceen) werden als Schizophyten zusammengefaßt.

1894/97 MIGULA und
1895/1903 FISCHER versuchen natürliche Bakteriensysteme aufzustellen.

1896/1903 LEHMANN u. NEUMANN: Bakteriensystem unter besonderer Berücksichtigung pathogener Gattungen und Arten.

1909 ORLA-JENSEN führt physiologische (biochemische) Merkmale als Hilfsmittel in die Taxonomie ein und entwickelt nach physiologischen und morphologischen Gesichtspunkten ein System. — In der Folgezeit zahlreiche Versuche, unter wechselnder Bewertung physiologischer und morphologischer Merkmale zu Systemen zu gelangen, die den Verwandtschaftsverhältnissen entsprechen.

1923 BERGEY's Manual of determinative Bacteriology erscheint in der ersten Auflage (7. Aufl. 1957).

1949 KRASSILNIKOW veröffentlicht eine Taxonomie der Bakterien und Actinomyceten.

II. Mikroorganismen als Krankheitserreger beim Menschen

1. Entdeckung pathogener Mikroorganismen

Miasmen (verdorbene Luft) wurden im Altertum und Mittelalter als Ursache von Infektionskrankheiten angesehen.

1546 FRACASTORIUS VON VERONA: Infektionskrankheiten werden durch ein lebendes Etwas (*seminaria morbi*) übertragen.

1839 SCHOENLEIN entdeckt einen Pilz als Erreger einer infektiösen Hautkrankheit (Kopfgrind, Favus), der später *Achorion Schoenleinii* genannt wird.

1840 HENLE: Spezifische, parasitäre Keime sollen Erreger von Infektionenskrankeiten sein.

1849/50 POLLENDER, DAVAINE u. RAYER finden „Stäbchen" im Blut und in der Milz von Tieren, die an Milzbrand gestorben sind.

1863/68 DAVAINE: Die im Blut Milzbrand-kranker Tiere vorhandenen Stäbchen („*Bacteridium*") sind Erreger der Krankheit. Mit dem Blut kranker Tiere kann die Krankheit auf gesunde Tiere übertragen werden.

1871 TIEGEL weist durch Versuche mit keimfrei filtriertem Blut nach, daß die „Stäbchen" für die Übertragung der Krankheit erforderlich sind.

1876 KOCH gelingt die Reinkultur des Milzbrand-Erregers (*Bac. anthracis*) aus Milzgewebe. Nachweis der Sporenbildung. Infektion gesunder Tiere mit Reinkulturen. Die Krankheit wird nur von Milzbrandbakterien, nicht von anderen Bakterien hervorgerufen. KOCH trägt seine Ergebnisse in Breslau COHN vor.

1877 Pasteur u. Joubert bestätigen Kochs Ergebnisse.

1867 Binz vermutet einen Zusammenhang zwischen Malaria und Protozoen.

1875/77 Klebs findet Spirochäten-artige Gebilde in syphilitischen Geschwüren. Es gelingt, die Krankheit auf Affen zu übertragen.

1877 Pasteur: Reinkultur des anaeroben Erregers des Malignen Ödems (*Bac. oedematis maligni* = *Clostr. novyi*).

1878 Pasteur: Reinkultur von *Streptococcus pyogenes*.

1880 Laveran entdeckt den Erreger der Malaria (Quartana, *Plasmodium malariae*) in roten Blutkörperchen der Kranken.

1882/84 Koch entdeckt den Erreger der Tuberkulose (*Mycobact. tuberculosis*) und kultiviert ihn.

1884 Koch: Reinkultur des Erregers der Cholera (*Vibrio cholerae*).

1884 Löffler erkennt im Tierversuch *Corynebact. diphtheriae* als Erreger der Diphtherie und kultiviert ihn.

1883/84 Eberth und Gaffky: Reinkultur des Typhus-Erregers (*Salmonella typhosa*).

1886 Escherich isoliert und untersucht die von Emmerich (1885) im Darminhalt gefundenen *coli*-Bakterien.

1886/87 Lister führt Wundeiterungen und Hospitalbrand nach Operationen auf eingedrungene Bakterien zurück. Angeregt durch Pasteurs Arbeiten, wendet er eine antiseptische Wundbehandlung an und operiert unter einem Phenolspray zur Verhütung von Infektionen.

1889 Kitasato isoliert den anaeroben Tetanus-Erreger (*Clostr. tetani*) und untersucht die Aetiologie des Wundstarrkrampfes.

1894 Kitasato und Yersin kultivieren in Hongkong bei einer Pest-Epidemie den Erreger der Pest (*Pasteurella pestis*).

1895 Mason u. Ross: die Übertragung der Malaria erfolgt durch Moskitos (Anopheles-Arten).

1901/02 Forde und Dutton finden Trypanosomen (*Tryp. gambiense*) im Blut Schlafkranker.

1903 Bruce: Die Trypanosomen sind die Erreger der Schlafkrankheit; sie werden durch Tsetsefliegen (*Glossina*-Arten) übertragen.

1905 Schaudinn u. Hoffmann weisen Spirochaeten als Erreger der Syphilis nach.

1911/12 Noguchi: Reinkultur von Treponema pallidum (Erreger der Syphilis).

2. Immunbiologie und Chemotherapie

Immunbiologie

1796 Jenner: Schutzbehandlung gegen Pocken durch künstliche Infektion mit den für Menschen schwach pathogenen Kuhpocken (Vakzination).

1881 Pasteur, Chamberland und Roux impfen Schafe mit abgeschwächten, avirulenten Milzbrandbakterien gegen Milzbrand.

1889 Roux und Yersin: Sterile Kulturfiltrate von *Corynebact. diphtheriae* enthalten ein hochwirksames Gift (Diphtherietoxin).

1885 Pasteur stellt eine Vakzine zur Behandlung der Tollwut her.

1890 Behring und Kitasato: Im Blut entstehen Antitoxine als Reaktion auf die wiederholte Einspritzung kleiner Mengen von Tetanus- oder Diphtherietoxin.

1892 Behring: Serumbehandlung der Diphtherie mit antitoxischem Serum (passive Immunisierung).

1883/1901 Metschnikow entdeckt die Phagocytose und untersucht ihre Bedeutung für die Abwehr von Infektionen.

1888 Nuttal weist eine bactericide Wirkung des Blutes nach.

1889 Buchner: Die Bactericidie des Blutes ist an das Blutserum gebunden; sie geht durch Erhitzen des Serums auf 55° C verloren („Inaktivierung").

1893/95 Pfeiffer beobachtet die Auflösung von *Vibrio cholerae* und anderen Bakterien („Bakteriolyse") in der Leibeshöhle von Meerschweinchen, wenn diese mit abgetöteten Reinkulturen vorbehandelt worden waren.

1895 Bordet: Untersuchungen über die Eigenschaften des Blutserums immunisierter Tiere und über verschiedene Formen der Antigen-Antikörper-Reaktion (Bakteriolyse, Agglutination).

1896 Gruber und Durham: Erste Untersuchungen über die Agglutination von Bakterien im Immunserum.

1897 Kraus beschreibt eine Fällungsreaktion (Präcipitation) zwischen Kulturfiltraten von Pest- und Cholerakulturen und dem homologen Immunserum als neue Form einer Antigen-Antikörper-Reaktion.

1897/1900 Ehrlich versucht das Wesen immunbiologischer Reaktionen mit Hilfe seiner „Seitenkettentheorie" verständlich zu machen.

1901 Durham: Jede Bakterienart enthält in ihren Zellen ein Mosaik von Antigenen.

1903 SMITH und REAGH: Erste Beobachtungen über die Lokalisation von Antigenen in den Geißeln („Geißelantigene") und an der Zelloberfläche („Somatische Antigene") bei beweglichen und unbeweglichen Stämmen von *Salmonella cholerae-suis* (Erreger der Schweine-Cholera).

1904, 1906 NUTTALL, OBERMAYER und PICK: Untersuchungen über die immunbiologische Spezifität der Antigene.

1914/42 LANDSTEINER und seine Mitarbeiter verändern durch chemische Reaktionen die Spezifität von Antigenen (Einführung von Halogen, Acetylierung, Diazotierung bei Proteinen); Herstellung künstlicher Antigene.

Chemotherapie

1630 Erste Nachrichten über die Heilung der Malaria durch Chinarinde gelangen aus Peru durch die Spanier nach Europa.

1899 EMMERICH und LÖW schlagen vor, antagonistisch wirkende Stoffwechselprodukte von Mikroorganismen zu Heilzwecken zu verwenden (Pyocyanase aus Kulturen von *Ps. pyocyanea*).

1909 EHRLICH verwendet eine organische Arsenverbindung („EHRLICH-HATA 606", Salvarsan, ein Arsenobenzol) zur Behandlung der Syphilis. Auch bei der tropischen Framboesie (Erreger *Treponema pertenue*) ist Salvarsan wirksam, desgleichen bei Rückfallfieber (Erreger *Borrelia recurrentis* und andere Spirochaeten). – Zahlreiche verbesserte Salvarsanpräparate sind gefolgt. EHRLICH ist der Begründer der modernen Chemotherapie.

1916 HEYMANN, DRESSEL und KOTHE finden, nachdem etwa 2000 verschiedene Verbindungen untersucht worden waren, ein kompliziertes, verschiedene Benzolkörper und Naphthylamin-Sulfosäuren enthaltendes Harnstoffderivat, das als „Germanin" („Bayer 205") bei der Bekämpfung der Schlafkrankheit (Erreger *Trypanosoma gambiense*) und der afrikanischen Viehseuche Nagana (Erreger *Tryp. brucei*) hervorragende Dienste leistet. Beide Krankheiten werden durch Tsetsefliegen (*Glossina*-Arten) übertragen.

1929/40 FLOREY, CHAIN und ihren Mitarbeitern gelingt die Produktion und Reindarstellung von Penicillin, das 1928 von FLEMING in *Penicillium*-Kulturen entdeckt worden war.

1935 DOMAGK hat mit einem Sulfonamidpräparat (Prontosil) bei *Streptoc. pyogenes* die ersten Erfolge in der chemotherapeutischen Behandlung einer Bakterien-Infektion.

1942 WAKSMAN verwendet die Bezeichnung „Antibiotika" für antagonistisch wirkende Stoffwechselprodukte von Mikroorganismen.

1944 WAKSMAN und seine Mitarbeiter finden bei der Suche nach antagonistisch wirkenden Substanzen in Kulturen von *Streptom. griseus* das Antibiotikum Streptomycin.

III. Technische und landwirtschaftliche Mikrobiologie

1. Technische Mikrobiologie

Nach Basilius Valentinus ist die Gärung ein Reinigungsvorgang. Der Bodensatz, der sich im Verlauf der Bier- und Weingärung bildet, wird als *faeces vini, faeces cerevisiae* bezeichnet.

1835/37 CAGLIARD-LATOUR, KÜTZING, SCHWANN: Die alkoholische Gärung ist ein Lebensvorgang, der an die Hefezellen gebunden ist.

1837 KÜTZING: Die „Essigmutter" ist der Erreger der Essigsäure-Gärung. Verschiedene Arten von Gärungen haben verschiedene Erreger.

1857 PASTEUR: Bakterien sind die Ursache der Milchsäure-Gärung.

1857/60 PASTEUR vertritt im Gegensatz zu LIEBIG eine biologische Theorie der alkoholischen Gärung: Hefepilze verursachen die alkoholische Gärung.

1861 PASTEUR: Bakterien sind die Ursache der Buttersäure-Gärung.

1862/72 PASTEUR untersucht die Essigsäure-Gärung.

1866/73 PASTEUR führt Weinfehler auf die Entwicklung von Weinessigbakterien zurück. Abtötung der Bakterien durch vorsichtiges Erhitzen des Weines auf etwa 50°C (Pasteurisierung).

1876 PASTEUR weist Mikroorganismen als Erreger von Bierfehlern nach.

1882/86 HANSEN führt Reinzuchtmethoden und die Verwendung von Einzellkulturen in die Brauereien ein.

1891/96 MÜLLER-THURGAU und WORTMANN verwenden Reinzuchthefen zur Weinbereitung.

1941 Beginn der Vorbereitungen für die technische Herstellung von Penicillin in USA

2. Landwirtschaftliche Mikrobiologie, Pflanzenkrankheiten

1767 FUCHS: Weizenrost (*Puccinia graminis*) ist ein auf Weizen lebender pflanzlicher Organismus.

1838 BOUSSINGAULT zeigt, daß Klee den Stickstoffgehalt des Bodens erhöht, daß die Wirkung jedoch ausbleibt, wenn man Klee in ausgeglühtem Sand kultiviert.

1841 FUCHS: Die Blaufärbung der Milch, die sich auf frische Milch übertragen läßt, beruht auf der Entwicklung von Bakterien in der Milch („*Vibrio cyanogenus*" = *Ps. syncyanea*).

1842 MARTIUS entdeckt einen Pilz (*Fusarium*) als Erreger einer Knollenfäule der Kartoffel.

1853/65 DE BARY: Rost- und Brandpilze, *Peronospora*, werden als Erreger von Pflanzenkrankheiten erkannt und eingehend untersucht.

1878/80 BURRILL weist nach den von KOCH angegebenen Richtlinien Bakterien als Erreger einer Pflanzenkrankheit nach (fire blight der Birne und anderer Obstbäume). Er kultiviert die Bakterien *(Erwinia amylovora)* und infiziert gesunde Pflanzen.

1883 SCHULTZ-LUPITZ baut Leguminosen als Stickstoff-Sammler auf stickstoffarmen, leichten Böden an.

1888 HELLRIEGEL und WILFAHRT zeigen, daß die Stickstoffbindung der Leguminosen an die Lebenstätigkeit von Bakterien in den Wurzelknöllchen gebunden ist.

1888 BEIJERINCK: Reinkultur der Stickstoff-bindenden Bakterien aus den Wurzelknöllchen der Leguminosen (*Rhizobium leguminosarum*).

1942 P. W. WILSON und seine Mitarbeiter weisen im Isotopenversuch mit N_2^{15} nach, daß die N-Bindung tatsächlich in den Symbionten-führenden Knöllchen erfolgt.

IV. Allgemeine Mikrobiologie als Naturwissenschaft

1. Entstehung des Lebens

Bis in das XVIII. Jahrhundert behauptet sich die Lehre von der Urzeugung: *Generatio spontanea sive aequivoca*, Entstehung von Lebewesen aus unbelebten Substanzen.

1600 — VAN HELMONT gibt ein Rezept zur Züchtung elternloser Mäuse an.

1745 NEEDHAM weist Urzeugung bei Mikroben nach.

Im XVII. Jahrhundert beginnen die Auseinandersetzungen um die Widerlegung der Urzeugung („*Omne vivum ex vivo*"), zunächst für Metazoen, dann für Mikroorganismen: REDI (1668), SPALLANZANI (1769), SCHULZE (1836), SCHWANN (1837), SCHROEDER u. DUSCH (1854).

1861/62 Chevreul und Pasteur zeigen durch sorgfältig ausgeführte Versuche in besonders konstruierten Glasgefäßen („Pasteur-Kolben"), daß es in sterilen organischen Nährlösungen nur dann zur Entwicklung von Mikroben kommt, wenn Keime (Sporen) aus der Luft hineingelangen. Fäulnis ist an das Vorhandensein von Mikroben gebunden.

1884 Nägeli vertritt in seiner „Abstammungslehre" die Auffassung, daß den heute lebenden Organismen primitive Lebensformen („Probien") vorausgegangen sein müssen.

Zu Beginn des XX. Jahrhunderts vergebliche Versuche, mit Hilfe mechanistischer Vorstellungen die Entstehung von Lebewesen zu erklären.

1949 Oparin: Überblick über die evolutionistischen Vorstellungen zur Frage nach der Entstehung des Lebens, die sich auf Erkenntnisse der Geochemie und Biochemie stützen. Es wird angenommen, daß die ersten Lebewesen heterotrophe Anaerobier gewesen sind.

2. Morphologie und Cytologie, Entwicklungsgeschichte

1820 Ehrenberg: Erste Untersuchungen über Natur und Fortpflanzung der Pilze. Nachweis eines Sexualvorganges bei *Sporodinia*.

1850/65 Gebr. Tulasne: Für Rostpilze, Brandpilze, unterirdisch lebende (hypogäische) Pilze werden Lebensweise, Entwicklungsgang, Fruktifikation beschrieben.

1853/85 de Bary und Brefeld untersuchen unter Anwendung neuer Kulturmethoden zahlreiche Bakterien, Myxomyceten und Pilze. Morphologische, entwicklungsgeschichtliche, physiologische Fragen werden behandelt.

1854/76 Cohn: Untersuchungen über Bau und Entwicklungsgeschichte von Pilzen, mikroskopischen Algen, Cyanophyceen, Bakterien. Anwendung sterilisierter Nährsubstrate für die Kultur von Mikroorganismen. Morphologische und biologische Untersuchung verschiedener Bakterienarten.

1838 Ehrenberg: Erste mikroskopische Untersuchungen an Protozoen („Infusionstierchen als vollkommene Organismen").

1844/46 Nägeli: Entwicklung einer neuen Zelltheorie, Unter-
1858 suchungen über Zellwachstum und Zellvermehrung. Bedeutung des Cytoplasmas als Träger der Lebensvorgänge.

1863 M. SCHULTZE: Untersuchungen über den Bau der Protozoen-Zelle.
1894/1897 MIGULA, A. FISCHER: Bakterienzellen haben keinen Zellkern.
1897/1900 A. MEYER: Erster Nachweis von „Zellkernen" in Bakterienzellen. In den folgenden Jahrzehnten zahlreiche Hypothesen über die Struktur zellkernartiger Gebilde in den Zellen von Bakterien und Cyanophyceen.
1925 VOIT: Erste Anwendung der FEULGENreaktion zum Nachweis eines „Zellkernes" bei Bakterien.

In den folgenden Jahren Diskussion über die Verteilung der DNS in der Zelle, diffus oder lokalisiert (Nukleoide, Zellkernaequivalente), oder alternierend, über den Bau und die Vermehrung der Nukleoide, über das Fehlen oder Vorhandensein von Chromosomen. Ausdehnung der Untersuchungen auf Actinomyceten und Spirochaeten.

3. Physiologie und Ökologie

1815 GAY-LUSSAC: Summengleichung der alkoholischen Gärung.
1858 TRAUBE: Enzymtheorie der Gärungsvorgänge.
1861/76 PASTEUR: Wiederentdeckung des von Leeuwenhoek beobachteten Wachstums von Mikroben bei Luftabschluß. Gärung ist Leben ohne freien Sauerstoff („Anaerobiose"). PASTEUR weist das Wachstum aerober und anaerober Mikroben in Mischkultur nach. Bei *Mucor racemosus* wird ein Formwechsel bei anaerober Lebensweise beobachtet („Mucorhefe").
1862 PASTEUR führt die Vergärung von Harnstoff auf die Lebenstätigkeit von Mikroben zurück („*Torula*", jetzt als Kokken erkannt).
1862, 1877 PASTEUR und SCHLOESSING u. MÜNTZ: Die Nitratbildung im Boden beruht auf mikrobiellen Prozessen.
1878/79 WARINGTON: Die Nitratbildung verläuft in zwei Stufen.
1890/91 WINOGRADSKY kultiviert die Bakterien der Nitrifikation und weist ihre Autotrophie nach.
1875 MEUSEL: Die Nitratreduktion ist ebenfalls ein mikrobieller Prozeß.
1882 GAYON und DUPETIT führen die Bezeichnung Denitrifikation für die Reduktion der Nitrate zu Stickstoff ein.
1866 DE BARY: Erste Vermutungen über die symbiontische Natur der Flechten.
1864 NÄGELI: Struktur und Wachstum der Zelle werden auf physikalische und chemische Vorgänge und auf Bewegungen

der Moleküle zurückgeführt. Micellen (Molekülverbände) sind die Teilchen, aus denen organisierte Gebilde bestehen.

1868 SCHWENDNER: Flechten sind symbiontische aus Pilz und Alge zusammengesetzte Organismen.

1870 A. MÜLLER: Die Mineralisationsprozesse im Boden beruhen auf der Lebenstätigkeit von Mikroben.

1878 FRANK beschreibt das Vorkommen verpilzter Wurzeln und führt die Bezeichnung „Mykorhiza" ein.

1879 NÄGELI: Molekular-physikalische Theorie der Gärungen. Gärungsenzyme sind Ausgangsstellen zersetzender Vorgänge, die in der Gärlösung wirken.

1887 FRAENKEL weist das Vorkommen von Mikroben in verschiedenen Bodenschichten nach.

1888/1900 WINOGRADSKY und BEIJERINCK entwickeln Methoden der Anreicherungs-Kultur mit Hilfe von Spezialmedien und begründen die experimentelle Ökologie der Mikroorganismen.

1887/88 WINOGRADSKY beschreibt farblose und rote „Schwefelbakterien", untersucht ihre Lebensweise und weist ihre Autotrophie nach.

1888 WINOGRADSKY untersucht autotrophe „Eisenbakterien" und ihren Stoffwechsel.

1893 WINOGRADSKY isoliert den anaeroben Stickstoffbinder *Clostr. pasteurianum.*

1895 BEIJERINCK entdeckt die Desulfurikation und kultiviert desulfurizierende Bakterien („*Spirillum desulfuricans*" jetzt *Desulfovibrio desulfuricans*).

1896 BUCHNER trennt das Gärungsenzym („Cymase") von der Hefezelle und erhält alkoholische Gärung mit einem zellfreien Preßsaft.

1901 BEIJERINCK isoliert aerobe im Boden und in Wasser lebende Stickstoffbinder (*Azotobacter chroococcum, Az. agilis*).

1902/04 OMELIANSKY: Anaerobe Vergärung von Cellulose durch Bakterien, wobei Methan und Wasserstoff entstehen.

1903 NADSON: Beteiligung von Mikroorganismen an der Fällung von kohlensaurem Kalk; als einer der ersten weist NADSON auf die Bedeutung der Mikroorganismen als geologische Faktoren hin.

1903 HERZOG erhält Milchsäure-Gärung mit dem Preßsaft von Milchsäurebakterien.

1905 HARDEN und YOUNG entdecken die Bedeutung der Phosphorsäure für die alkoholische Gärung.

1909/50 Buller veröffentlicht in 7 Bänden Forschungsarbeiten über Pilze, in denen vor allem entwicklungsphysiologische und ökologische Fragen behandelt werden.

1909 Sörensen untersucht die Bedeutung der Wasserstoffionen-Konzentration für enzymatische Prozesse. Er verwendet Puffergemische und führt die pH-Messung ein.

1911 Neuberg: Beginn der Untersuchungen über die Biochemie der alkoholischen Gärung.

1915, 1917 Twort und d'Herelle entdecken eine übertragbare degenerative Veränderung (Lysis) von Staphylokokken und Darmbakterien („Twort-d'Herelle'sches Phänomen"), die von d'Herelle als Bakteriophagie bezeichnet und auf eine ultravisible Mikrobe „*Bacteriophagum intestinale*" zurückgeführt wird.

1924/26 Bastin und Ginsburg-Karagitschewa weisen das Vorkommen lebender Bakterien in Erdöllagerstätten nach.

1929 Fleming erkennt die Bedeutung einer in Penicilliumkulturen entstehenden Substanz („Penicillin"), die antagonistisch („antibiotisch") auf Staphylokokken wirkt, nachdem schon seit Ende des XIX. Jahrhunderts antagonistische Erscheinungen zwischen Mikroorganismen wiederholt beobachtet worden waren. — Etwa 10 Jahre später setzt die Periode einer intensiven Antibiotika-Forschung ein.

1930 Kluyver, der Nachfolger Beijerincks in Delft, trägt in London über „chemical activities of microorganisms" vor. Zahlreiche Untersuchungen und vergleichende Betrachtungen über die Biochemie der Mikroorganismen. Die „Delfter Schule" hat erheblichen Anteil an der Begründung der Mikrobiologie als Zweig der biologischen Wissenschaften.

Die letzten Jahrzehnte bis zur Gegenwart sind durch eine lebhafte Entwicklung der biochemischen Forschung gekennzeichnet, die zur vergleichenden Biochemie fortschreitet. Reizphysiologie findet verhältnismäßig wenig Beachtung. Auf dem Gebiet der Entwicklungsphysiologie stehen, abgesehen von der Genetik, Wachstum und Absterben im Mittelpunkt. Die genetische Forschung an Mikroorganismen dehnt sich auf Bakterien und Protozoen aus. Sie steht bei Bakterien in enger Beziehung zu den Bakteriophagen und zum Zellkernproblem. Heterokaryose bei Pilzen, Transformation und Transduktion bei Bakterien werden als neue genetische Phänomene entdeckt. Neue cytologische Methoden haben sich aus der Anwendung des Elektronenmikroskopes ergeben. Langsam entwickelt sich aus der Verbindung cytologischer und physiologischer Untersuchungsmethoden eine Zellphysiologie der Mikroorganismen.

G. Übersicht über die mikrobiologische Literatur

Um dem Anfänger ein tieferes Eindringen in die Mikrobiologie zu erleichtern, sind nachstehend einige Literaturangaben zusammengestellt, getrennt nach Zeitschriften und Einzelwerken.

I. Die wichtigsten mikrobiologischen Zeitschriften

Archiv für Mikrobiologie. Springer-Verlag, Berlin-Göttingen-Heidelberg. Originalarbeiten aus allen Gebieten der wissenschaftlichen Mikrobiologie. — Archiv für Protistenkunde. Verl. VEB G. Fischer, Jena. Originalarbeiten aus dem Gebiet der Protistenkunde. — Centralblatt für Bakteriologie, Parasitenkunde und Infektionskrankheiten, II. Abt. Verl. VEB G. Fischer, Jena. Originalarbeiten und Referate aus allen Gebieten der reinen und angewandten Mikrobiologie mit Ausnahme der medizinischen Mikrobiologie, die in der I. Abt. (Originale und Referate) behandelt wird.

Unter den im Ausland erscheinenden Zeitschriften müssen besonders genannt werden: Journ. of Bacteriology, Journ. of General Microbiology und Mikrobiologija (Moskau).

Zahlreiche Arbeiten sind ferner enthalten in botanischen, zoologischen, medizinischen, landwirtschaftlichen und biochemischen Zeitschriften. Sie werden referiert z. B. in den Berichten über die wissenschaftliche Biologie und im Chemischen Centralblatt. Sammelberichte bringen die jährlich erscheinenden Annual Rev. of Microbiol. (Stanford, Ann. Rev. Inc.) und die Bacteriol. Reviews (Baltimore, William and Wilkins Co.).

II. Einzelwerke, nach Sachgebieten geordnet

Bakterien: A. Meyer, Die Zelle der Bakterien, Jena, 1912 — R. Lieske, Morphologie und Biologie der Strahlenpilze, Leipzig, 1921 — R.-J. Dubos, The bacterial Cell, Cambridge (Mass.) 1949 — S. A. Waksman, The Actinomycetes, Waltham (Mass.), 1950 — C. Lamanna u. M. F. Mallette, Basic Bacteriology, its biological and chemical Background, Baltimore, 1953 — K. V. Thimann, The Life of Bacteria, New York, 1955 — Annelise Winkler, Die Bakterienzelle, Stuttgart, 1956 — C. E. Clifton, Introduction to bacterial Physiology, New York, 1957. J. C. Gunsalus u. R. Y. Stanier, The bacteria, vol. I Structure, New York/London 1960

Pilze: H. Lohwag, Anatomie der Asco- und Basidiomyceten, Berlin, 1941 — J. W. Foster, Chemical Activities of Fungi, New York, 1949 — E. Gäumann, Die Pilze, Basel, 1949 — Lilian E. Hawker, Physiology of Fungi, London, 1950.

Algen: F. Oltmanns, Morphologie und Biologie der Algen, Jena, 1922/23 — G. M. Smith, Manual of Phycology, Waltham (Mass.), 1951 — G. E. Fogg, The Metabolism of Algae, London, 1953.

Protozoen: H. Hartmann, Praktikum der Protozoologie, Jena, 1928 — F. Doflein u. E. Reichenow, Lehrbuch der Protozoenkunde, Jena, 1953 — S. H. Hutner u. A. Lwoff Biochemistry and Physiology of Protozoa I/II New York, 1951 u. 1955 — K. G. Grell, Protozoologie, Berlin-Göttingen-Heidelberg, 1956.

Allgemeine Mikrobiologie: H. Kniep, Die Sexualität der niederen Pflanzen, Jena, 1928 — Br. Schussnig, Handbuch der Protophytenkunde, I/II, Jena 1959/60 — A. Rippel-Baldes, Grundriß der Mikrobiologie, Berlin-Göttingen-Heidelberg, 1955 — Stanier, R. Y., Doudoroff, M. u. E. A. Adelberg, The microbial World, Englewood Cliffs, N. J., 1959.

Ökologie: F. Tobler, Die Flechten, Jena, 1934 — H. Burgeff, Samenkeimung der Orchideen, Jena, 1936 — E. A. Thomas, Über die Biologie der Flechtenbildner, Bern, 1939 — R. Schaede, Die pflanzlichen Symbiosen, Jena 1948 — E. Gäumann, Pflanzliche Infektionslehre, Basel, 1945 — Cl. E. ZoBell, Marine Microbiology, Waltham (Mass.), 1946 — J. Pochon u. Y. T. Tchan, Précis du Microbiologie du Sol, Paris, 1948 — F. Ruttner, Grundriß der Limnologie, Berlin, 1952 — S. A. Waksman, Soil Microbiology, New York, 1952 — P. Buchner, Endosymbiose der Tiere mit pflanzlichen Mikroorganismen, Basel/Stuttgart, 1953 — Weidel, W., Virus, Berlin/Göttingen/Heidelberg, 1957 — S. J. Kusnetzov, Die Rolle der Mikroorganismen im Stoffkreislauf der Seen (aus dem Russischen übersetzt), Berlin 1959.

Medizinische Mikrobiologie: K. B. Lehmann u. R. O. Neumann, Bakteriologische Diagnostik, München, 1927 — R. Doerr u. C. Hallauer, Handbuch der Virusforschung, Wien, 1938, mit Nachträgen — M. Gundel und W. Schürmann, Lehrbuch der Mikrobiologie und Immunbiologie, Berlin, 1939 — W. J. Nickerson, Biology of pathogenic Fungi, Waltham (Mass.), 1947 — H. Hetsch und H. Schlossberger, Experimentelle Bakteriologie und Infektionskrankheiten, Berlin/Wien, 1952 — St. Winkle, Mikrobiologische und serologische Diagnostik, Stuttgart, 1955 — G. S. WILSON u. A. A. MILES, Topley and Wilson's Principles of Bacteriology and Immunity I/II, London, 1955 — P. L. CARPENTER, Immunology and Serology, Philadelphia/London, 1956 — G. M. LEWIS, MARY E. HOPPER, J. W. WILSON, ORDA A. PLUNKETT, An Introduction to medical Mycology, Chicago, 1958 — W. BURROWS, Textbook of Microbiology, Philadelphia/London, 1959.

Landwirtschaftliche und technische Mikrobiologie: W. HENNEBERG, Handbuch der Gärungsbakteriologie, Berlin, 1926 — F. LÖHNIS, Handbuch der landwirtschaftlichen Bakteriologie, Berlin, 1935/41 (im Erscheinen) — O. APPEL, H. BLUNCK, H. RICHTER, Sorauers Handbuch der Pflanzenkrankheiten, VI. Aufl. im Erscheinen, Berlin u. Hamburg, 1952/56 — S. C. PRESCOTT u. C. G. DUNN, Industrielle Mikrobiologie (aus dem Englischen übersetzt), Berlin, 1956.

Arbeitsmethoden der Mikrobiologie: A. MEYER, Praktikum der botanischen Bakterienkunde, Jena, 1903 — E. KÜSTER, Kultur der Mikroorganismen, Leipzig/Berlin, 1921 — A. KOCH, Mikrobiologisches Praktikum, Berlin, 1922 — K. BERNHAUER, Gärungschemisches Praktikum, Berlin, 1936 — A. JANKE, Arbeitsmethoden der Mikrobiologie I., Dresden/Leipzig, 1946 — R. MEYER, Mikrobiologisches Praktikum, Wolfenbüttel u. Hannover, 1948 — E. G. PRINGSHEIM, Algenreinkulturen, ihre Herstellung und Erhaltung, Jena, 1954 — H. HABS, Bakteriologisches Taschenbuch, Leipzig, 1956.

Taxonomie: W. MIGULA, System der Bakterien, Jena, 1897/1900 — L. RABENHORST, Kryptogamenflora von Deutschland, Österreich und der Schweiz, Leipzig, 1884/1921 mit Nachträgen — A. PASCHER, Süßwasserflora Deutschlands, Österreichs und der Schweiz, Jena, 1913 usw. — E. JAHN, Polyangiden, Leipzig, 1924 — A. u. G. LISTER, Monograph of the Mycetozoa, London, 1925 — F. E. CLEMENTS und C. L. SHEAR, The genera of fungi, New York, 1931 — R. S. BREED, E. G. D. MURRAY, und N. R. SMITH, Bergey's Manual of determinative Bacteriology, Baltimore, 1957 — N. A. KRASSILNIKOV, Diagnostik der Bakterien und Actinomyceten (aus dem Russischen übersetzt), Jena, 1959.

Register der Arten und Gattungen

(Ein Stern hinter einer Seitenzahl verweist auf eine Abbildung)

Sachregister

(Ein Stern hinter der Seitenzahl verweist auf eine Abbildung)

GESAMTVERZEICHNIS
der
SAMMLUNG GÖSCHEN

Jeder Band DM 3,60 · Doppelband DM 5,80

Stand Sommer 1961

WALTER DE GRUYTER & CO., BERLIN W 30

Inhaltsübersicht

Geisteswissenschaften

Philosophie

Einführung in die Philosophie von *H. Leisegang †*. 4. Auflage. 145 Seiten. 1960. (281)

Hauptprobleme der Philosophie von *G. Simmel †*. 7., unveränderte Auflage. 177 Seiten. 1950. (500)

Geschichte der Philosophie

I: Die griechische Philosophie von *W. Capelle*. 1. Teil. Von Thales bis Leukippos. 2., erweiterte Auflage. 135 Seiten. 1953. (857)

II: Die griechische Philosophie von *W. Capelle*. 2. Teil. Von der Sophistik bis zum Tode Platons. 2., stark erweiterte Auflage. 144 Seiten. 1953. (858)

III: Die griechische Philosophie von *W. Capelle*. 3. Teil. Vom Tode Platons bis zur Alten Stoa. 2., stark erweiterte Auflage. 132 Seiten. 1954. (859)

IV: Die griechische Philosophie von *W. Capelle*. 4. Teil. Von der Alten Stoa bis zum Eklektizismus im 1. Jh. v. Chr. 2., stark erweiterte Auflage. 132 Seiten. 1954. (863)

V: Die Philosophie des Mittelalters von *J. Koch*. In Vorbereitung. (826)

VI: Von der Renaissance bis Kant von *K. Schilling*. 234 Seiten. 1954. (394/394 a)

VII: Immanuel Kant von *G. Lehmann*. In Vorbereitung. (536)

VIII: Die Philosophie des 19. Jahrhunderts von *G. Lehmann*. 1. Teil. 151 Seiten. 1953. (571)

IX: Die Philosophie des 19. Jahrhunderts von *G. Lehmann*. 2. Teil. 168 Seiten. 1953. (709)

X: Die Philosophie im ersten Drittel des 20. Jahrhunderts 1. Teil von G. *Lehmann*. 128 Seiten. 1957. (845)

XI: Die Philosophie im ersten Drittel des 20. Jahrhunderts 2. Teil von *G. Lehmann*. 114 Seiten. 1960. (850)

Die geistige Situation der Zeit (1931) von *K. Jaspers*. 5., unveränderter Abdruck der im Sommer 1932 bearbeiteten 5. Auflage. 211 Seiten. 1960. (1000)

Erkenntnistheorie von *G. Kropp*.
I. Teil: Allgemeine Grundlegung. 143 Seiten. 1950. (807)

Formale Logik von *P. Lorenzen*. 165 Seiten. 1958. (1176/1176 a)

Philosophisches Wörterbuch von *M. Apel †*. 5., völlig neubearbeitete Auflage von *P. Ludz*. 315 Seiten. 1958. (1031/1031 a)

Philosophische Anthropologie. Menschliche Selbstdeutung in Geschichte und Gegenwart von *M. Landmann*. 266 Seiten. 1955. (156/156 a)

Pädagogik, Psychologie, Soziologie

Geschichte der Pädagogik von *Herm. Weimer*. 14., neubearbeitete und vermehrte Auflage von *Heinz Weimer*. 181 Seiten. 1960. (145)

Therapeutische Psychologie. Ihr Weg durch die Psychoanalyse von *W. M. Kranefeldt*. Mit einer Einführung von *C. G. Jung*. 3. Auflage. 152 Seiten. 1956. (1034)

Allgemeine Psychologie von *Th. Erismann.* 3 Bände. 2., neubearbeitete Auflage.
I: Grundprobleme. 146 Seiten. 1958. (831)
II: Grundarten des physischen Geschehens. 248 Seiten. 1959. (832/832 a)
III: Psychologie der Persönlichkeit. 22 Abbildungen. In Vorbereitung. (833/833a)

Soziologie. Geschichte und Hauptprobleme von *L. von Wiese.* 6. Auflage. 175 Seiten. 1960. (101)

Sozialpsychologie von *P. R. Hofstätter.* 181 Seiten, 15 Abbildungen, 22 Tabellen. 1956. (104/104 a)

Psychologie des Berufs- und Wirtschaftslebens von *W. Moede †.* 190 Seiten, 48 Abbildungen. 1958. (851/851 a)

Industrie- und Betriebssoziologie von *R. Dahrendorf.* 2. Auflage. 120 Seiten. In Vorbereitung. (103)

Religion

Jesus von *M. Dibelius †.* 3. Auflage, mit einem Nachtrag von *W. G. Kümmel.* 140 Seiten. 1960. (1130)

Paulus von *M. Dibelius †.* Nach dem Tode des Verfassers herausgegeben und zu Ende geführt von *W. G. Kümmel.* 2., durchgesehene Auflage. 155 Seiten. 1956. (1160)

Luther von *F. Lau.* 151 Seiten. 1959. (1187)

Melanchthon von *R. Stupperich.* 139 Seiten. 1960. (1190)

Einführung in die Konfessionskunde der orthodoxen Kirchen von *K. Onasch.* 1961. In Vorbereitung. (1197/1197 a)

Geschichte des christlichen Gottesdienstes von *W. Nagel.* 1961. In Vorbereitung. (1202)

Geschichte Israels. Von den Anfängen bis zur Zerstörung des Tempels (70 n. Chr.) von *E. L. Ehrlich.* 158 Seiten, 1 Tafel. 1958. (231/231 a)

Römische Religionsgeschichte von *F. Altheim.* 2 Bände. 2., umgearbeitete Auflage.
I: Grundlagen und Grundbegriffe. 116 Seiten. 1956. (1035)
II: Der geschichtliche Ablauf. 164 Seiten. 1956. (1052)

Musik

Musikästhetik von *H. J. Moser.* 180 Seiten. Mit zahlreichen Notenbeispielen. 1953. (344)

Systematische Modulation von *R. Hernried.* 2. Auflage. 136 Seiten. Mit zahlreichen Notenbeispielen. 1950. (1094)

Der polyphone Satz von *E. Pepping.* 2 Bände.
I: Der cantus-firmus-Satz. 2. Auflage. 223 Seiten. Mit zahlreichen Notenbeispielen. 1950. (1148)
II: Übungen im doppelten Kontrapunkt und im Kanon. 137 Seiten. Mit zahlreichen Notenbeispielen. 1957. (1164/1164 a)

Allgemeine Musiklehre von *H. J. Moser.* 2., durchgesehene Auflage. 155 Seiten. Mit zahlreichen Notenbeispielen. 1955. (220/220 a)

Harmonielehre von *H. J. Moser.* 2 Bände.
I: 109 Seiten. Mit 120 Notenbeispielen. 1954. (809)

Die Musik des 19. Jahrhunderts von *W. Oehlmann.* 180 Seiten. 1953. (170)

Die Musik des 20. Jahrhunderts von *W. Oehlmann.* 312 Seiten. 1961. (171/171 a)

Technik der deutschen Gesangskunst von *H. J. Moser.* 3., durchgesehene und verbesserte Auflage. 144 Seiten, 5 Figuren sowie Tabellen und Notenbeispiele. 1954. (576/576 a)

Die Kunst des Dirigierens von *H. W. von Waltershausen †*. 2., vermehrte Auflage. 138 Seiten. Mit 19 Notenbeispielen. 1954. (1147)

Die Technik des Klavierspiels aus dem Geiste des musikalischen Kunstwerkes von *K. Schubert †*. 3. Auflage. 110 Seiten. Mit Notenbeispielen. 1954. (1045)

Kunst

Stilkunde von *H. Weigert*. 2 Bände. 3., durchgesehene und ergänzte Auflage.
I: Vorzeit, Antike, Mittelalter. 136 Seiten, 94 Abbildungen. 1958. (80)
II: Spätmittelalter und Neuzeit. 150 Seiten, 88 Abbildungen. 1958. (781)

Archäologie von *A. Rumpf*. 2 Bände.
I: Einleitung, historischer Überblick. 143 Seiten, 6 Abbildungen, 12 Tafeln. 1953. (538)
II: Die Archäologensprache. Die antiken Reproduktionen. 136 Seiten, 7 Abbildungen, 12 Tafeln. 1956. (539)

Geschichte

Einführung in die Geschichtswissenschaft von *P. Kirn*. 3., durchgesehene Auflage. 128 Seiten. 1959. (270)

Zeitrechnung der römischen Kaiserzeit, des Mittelalters und der Neuzeit für die Jahre 1—2000 n. Chr. von *H. Lietzmann †*. 3. Auflage, durchgesehen von *K. Aland*. 130 Seiten. 1956. (1085)

Kultur der Urzeit von *F. Behn*. 3 Bände. 4. Auflage der Kultur der Urzeit Bd. 1—3 von *M. Hoernes*.
I: Die vormetallischen Kulturen. (Die Steinzeiten Europas. Gleichartige Kulturen in anderen Erdteilen.) 172 Seiten, 48 Abbildungen. 1950. (564)
II: Die älteren Metallkulturen. (Der Beginn der Metallbenutzung. Kupfer- und Bronzezeit in Europa, im Orient und in Amerika.) 160 Seiten, 67 Abbildungen. 1950. (565)
III: Die jüngeren Metallkulturen. (Das Eisen als Kulturmetall, Hallstatt-Latène-Kultur in Europa. Das erste Auftreten des Eisens in den anderen Weltteilen.) 149 Seiten, 60 Abbildungen. 1950. (566)

Vorgeschichte Europas von *F. Behn*. Völlig neue Bearbeitung der 7. Auflage der „Urgeschichte der Menschheit" von *M. Hoernes*. 125 Seiten, 47 Abbildungen. 1949. (42)

Der Eintritt der Germanen in die Geschichte von *J. Haller †*. 3. Auflage, durchgesehen von *H. Dannenbauer*. 120 Seiten, 6 Kartenskizzen. 1957. (1117)

Von den Karolingern zu den Staufern. Die altdeutsche Kaiserzeit (900—1250) von *J. Haller †*. 4., durchgesehene Auflage von *H. Dannenbauer*. 142 Seiten, 4 Karten. 1958. (1065)

Von den Staufern zu den Habsburgern. Auflösung des Reichs und Emporkommen der Landesstaaten (1250—1519) von *J. Haller †*. 2., durchgesehene Auflage von *H. Dannenbauer*. 118 Seiten, 6 Kartenskizzen. 1960. (1077)

Deutsche Geschichte im Zeitalter der Reformation, der Gegenreformation und des dreißigjährigen Krieges von *F. Hartung*. 129 Seiten. 1951. (1105)

Deutsche Geschichte von 1648 – 1740. Politischer und geistiger Wiederaufbau von *W. Treue*. 120 Seiten. 1956. (35)

Deutsche Geschichte von 1713 – 1806. Von der Schaffung des europäischen Gleichgewichts bis zu Napoleons Herrschaft von *W. Treue*. 168 Seiten. 1957. (39)

Deutsche Geschichte von 1806 – 1890. Vom Ende des alten bis zur Höhe des neuen Reiches von *W. Treue*. 128 Seiten. 1961. (893)

Deutsche Geschichte von 1890 bis zur Gegenwart von *W. Treue*. In Vorbereitung. (894)

Quellenkunde der Deutschen Geschichte im Mittelalter (bis zur Mitte des 15. Jahrhunderts) von *K. Jacob †*. 3 Bände.
I: Einleitung. Allgemeiner Teil. Die Zeit der Karolinger. 6. Auflage, bearbeitet von *H. Hohenleutner*. 127 Seiten. 1959. (279)
II: Die Kaiserzeit (911—1250). 5., neubearbeitete Auflage von *H. Hohenleutner*. 127 Seiten. 1961. (280)
III: Das Spätmittelalter (vom Interregnum bis 1500). Herausgegeben von *F. Weden*. 152 Seiten. 1952. (284)

Geschichte Englands von *H. Preller*. 2 Bände.
I: bis 1815. 3., stark umgearbeitete Auflage. 135 Seiten, 7 Stammtafeln, 2 Karten. 1952. (375)
II: Von 1815 bis 1910. 2., völlig umgearbeitete Auflage. 118 Seiten, 1 Stammtafel, 7 Karten. 1954. (1088)

Römische Geschichte von *F. Altheim*. 4 Bände. 2., verbesserte Auflage.
I: Bis zur Schlacht bei Pydna (168 v. Chr.). 124 Seiten. 1956. (19)
II: Bis zur Schlacht bei Actium (31 v. Chr.). 129 Seiten. 1956. (677)
III: Bis zur Schlacht an der Milvischen Brücke (312 n. Chr.). 148 Seiten. 1958. (679)
IV: Bis zur Schlacht am Yarmuk (636 n. Chr.). In Vorbereitung. (684)

Geschichte der Vereinigten Staaten von Amerika von *O. Graf zu Stolberg-Wernigerode*. 192 Seiten, 10 Karten. 1956. (1051/1051 a)

Deutsche Sprache und Literatur

Geschichte der Deutschen Sprache von *H. Sperber*. 3. Auflage, besorgt von *W. Fleischhauer*. 128 Seiten. 1958. (915)

Deutsches Rechtschreibungswörterbuch von *M. Gottschald †*. 2., verbesserte Auflage. 219 Seiten. 1953. (200/200 a)

Deutsche Wortkunde. Kulturgeschichte des deutschen Wortschatzes von *A. Schirmer*. 4. Auflage von *W. Mitzka*. 123 Seiten. 1960. (929)

Deutsche Sprachlehre von *W. Hofstaetter*. 10. Auflage. Völlige Umarbeitung der 8. Auflage. 150 Seiten. 1960. (20)

Stimmkunde für Beruf, Kunst und Heilzwecke von *H. Biehle*. 111 Seiten. 1955. (60)

Redetechnik. Einführung in die Rhetorik von *H. Biehle*. 2., erweiterte Auflage. 151 Seiten. 1961. (61)

Sprechen und Sprachpflege (Die Kunst des Sprechens) von *H. Feist*. 2., verbesserte Auflage. 99 Seiten, 25 Abbildungen. 1952. (1122)

Deutsches Dichten und Denken von der germanischen bis zur staufischen Zeit von *H. Naumann †*. (Deutsche Literaturgeschichte vom 5.—13. Jahrhundert.) 2., verbesserte Auflage. 166 Seiten. 1952. (1121)

Deutsches Dichten und Denken vom Mittelalter zur Neuzeit von *G. Müller* (1270 bis 1700). 2., durchgesehene Auflage. 159 Seiten. 1949. (1086)

Deutsches Dichten und Denken von der Aufklärung bis zum Realismus (Deutsche Literaturgeschichte von 1700—1890) von *K. Viëtor †*. 3., durchgesehene Auflage. 159 Seiten. 1958. (1096)

Der Nibelunge Nôt in Auswahl mit kurzem Wörterbuch von *K. Langosch.* 10., durchgesehene Auflage. 164 Seiten. 1956. (1)

Kudrun und Dietrich-Epen in Auswahl mit Wörterbuch von *O. L. Jiriczek.* 6. Auflage, bearbeitet von *R. Wisniewski.* 173 Seiten. 1957. (10)

Wolfram von Eschenbach. Parzival. Eine Auswahl mit Anmerkungen und Wörterbuch von *H. Jantzen.* 2. Auflage, bearbeitet von *H. Kolb.* 128 Seiten. 1957. (921)

Hartmann von Aue. Der arme Heinrich nebst einer Auswahl aus der „Klage", dem „Gregorius" und den Liedern (mit einem Wörterverzeichnis) herausgegeben von *F. Maurer.* 96 Seiten. 1958. (18)

Gottfried von Strassburg in Auswahl herausgegeben von *F. Maurer.* 142 Seiten. 1959. (22)

Die deutschen Personennamen von *M. Gottschald †.* 2., verbesserte Auflage. 151 Seiten. 1955. (422)

Althochdeutsches Elementarbuch. Grammatik und Texte. 3. Auflage von *W. Betz.* In Vorbereitung. (1111)

Mittelhochdeutsche Grammatik von *H. de Boor* und *R. Wisniewski.* 2., verbesserte und ergänzte Auflage. 142 Seiten. 1960. (1108)

Indogermanisch, Germanisch

Indogermanische Sprachwissenschaft von *H. Krahe.* 2 Bände. 3., neubearbeitete Auflage.
- I: Einleitung und Lautlehre. 106 Seiten. 1958. (59)
- II: Formenlehre. 124 Seiten. 1959. (64)

Gotisches Elementarbuch. Grammatik, Texte mit Übersetzung und Erläuterungen. Mit einer Einleitung von *H. Hempel.* 3. Auflage. 1961. In Vorbereitung. (79/79a)

Germanische Sprachwissenschaft von *H. Krahe.* 2 Bände. 4., überarbeitete Auflage.
- I: Einleitung und Lautlehre. 147 Seiten. 1960. (238)
- II: Formenlehre. 149 Seiten. 1961. (780)

Altnordisches Elementarbuch. Schrift, Sprache, Texte mit Übersetzung und Wörterbuch von *F. Ranke.* 2., durchgesehene Auflage. 146 Seiten. 1949. (1115)

Englisch, Romanisch

Altenglisches Elementarbuch von *M. Lehnert.* Einführung, Grammatik, Texte mit Übersetzung und Wörterbuch. 4., verbesserte Auflage. 178 Seiten. 1959. (1125)

Historische neuenglische Laut- und Formenlehre von *E. Ekwall.* 3., durchgesehene Auflage. 150 Seiten. 1956. (735)

Englische Phonetik von *H. Mutschmann †.* 117 Seiten. 1956. (601)

Englische Literaturgeschichte von *F. Schubel.* 4 Bände.
- I: Die alt- und mittelenglische Periode. 163 Seiten. 1954. (1114)
- II: Von der Renaissance bis zur Aufklärung. 160 Seiten. 1956. (1116)
- III: Romantik und Viktorianismus. 160 Seiten. 1960. (1124)

Beowulf von *M. Lehnert.* Eine Auswahl mit Einführung, teilweiser Übersetzung, Anmerkungen und etymologischem Wörterbuch. 3., verbesserte Auflage. 135 Seiten. 1959. (1135)

Shakespeare von *P. Meißner †*. 2. Auflage, neubearbeitet von *M. Lehnert*. 136 Seiten. 1954. (1142)

Italienische Literaturgeschichte von *K. Voßler †*. 5. Auflage, neubearbeitet von *A. Noyer-Weidner*. In Vorbereitung. (125)

Romanische Sprachwissenschaft von *H. Lausberg*. 4 Bände.
I: Einleitung und Vokalismus. 160 Seiten. 1956. (128/128a)
II: Konsonantismus. 95 Seiten. 1956. (250)
III: Formenlehre. In Vorbereitung. (1199)
IV: Wortlehre. In Vorbereitung. (1200)

Griechisch, Lateinisch

Griechische Sprachwissenschaft von *W. Brandenstein*. 2 Bände.
I: Einleitung, Lautsystem, Etymologie. 160 Seiten. 1954. (117)
II: Wortbildung und Formenlehre. 192 Seiten. 1959. (118/118a)

Geschichte der griechischen Sprache. 2 Bände.
I: Bis zum Ausgang der klassischen Zeit von *O. Hoffmann †*. 3. Auflage, bearbeitet von *A. Debrunner †*. 156 Seiten. 1953. (111)
II: Grundfragen und Grundzüge des nachklassischen Griechisch von *A. Debrunner †*. 144 Seiten. 1954. (114)

Geschichte der griechischen Literatur von *W. Nestle*. 2 Bände.
I: 3. Auflage, bearbeitet von *W. Liebich*. 144 Seiten. 1961. (70)

Grammatik der neugriechischen Volkssprache von *J. Kalitsunakis*. 3., völlig neubearbeitete und erweiterte Auflage. 1961. In Vorbereitung. (756/756a)

Neugriechisch-deutsches Gesprächsbuch von *J. Kalitsunakis*. 2. Auflage, bearbeitet von *A. Steinmetz*. 99 Seiten. 1960. (587)

Geschichte der lateinischen Sprache von *F. Stolz*. 4. Auflage von *A. Debrunner*. In Vorbereitung. (492)

Geschichte der römischen Literatur von *L. Bieler*. 2 Bände.
I: Die Literatur der Republik. 160 Seiten. 1961. (52)
II: Die Literatur der Kaiserzeit. 133 Seiten. 1961. (866)

Hebräisch, Sanskrit, Russisch

Hebräische Grammatik von *G. Beer †*. 2 Bände. 2., völlig neubearbeitete Auflage von *R. Meyer*.
I: Schrift-, Laut- und Formenlehre I. 3. Auflage. 157 Seiten. In Vorbereitung (763/763a)
II: Formenlehre II. Syntax und Flexionstabellen. 195 Seiten. 1955. (764/764a)

Hebräisches Textbuch zu *G. Beer-R. Meyer*, Hebräische Grammatik von *R. Meyer*. 170 Seiten. 1960. (769/769a)

Sanskrit-Grammatik von *M. Mayrhofer*. 89 Seiten. 1953. (1158)

Russische Grammatik von *E. Berneker †*. 6., verbesserte Auflage von *M. Vasmer*. 155 Seiten. 1961. (66)

Slavische Sprachwissenschaft von *H. Bräuer*. 2 Bände.
I: Einleitung, Lautlehre. 221 Seiten. 1961. (1191/1191a)

Erd- und Länderkunde

Afrika von *F. Jaeger*. Ein geographischer Überblick. 2 Bände. 2., umgearbeitete Auflage.
I: Der Lebensraum. 179 Seiten, 18 Abbildungen. 1954. (910)
II: Mensch und Kultur. 155 Seiten, 6 Abbildungen. 1954. (911)

Australien und Ozeanien von *H. J. Krug*. 176 Seiten, 46 Skizzen. 1953. (319)

Volkswirtschaft, Statistik, Publizistik

Allgemeine Betriebswirtschaftslehre von *K. Mellerowicz*. 4 Bände. 10., erweiterte und veränderte Auflage. (Bd. I, 11. Auflage)
I: 224 Seiten. 1961. (1008/1008 a) II: 188 Seiten. 1959. (1153/1153 a)
III: 260 Seiten. 1959. (1154/1154 a) IV: 209 Seiten. 1959. (1186/1186 a)
Diese 4 Bände sind auch in Ganzleinen gebunden zum Preise von je DM 6,30 lieferbar.

Geschichte der Volkswirtschaftslehre von *S. Wendt*. 182 Seiten. 1961. (1194)

Allgemeine Volkswirtschaftslehre von *A. Paulsen*. 4 Bände.
I: Grundlegung, Wirtschaftskreislauf. 3., durchgesehene und ergänzte Auflage. 148 Seiten. 1959. (1169)
II: Haushalte, Unternehmungen, Marktformen. 3., neubearbeitete Auflage. 166 Seiten, 32 Abbildungen. 1960. (1170)
III: Produktionsfaktoren. 2., neubearbeitete und ergänzte Auflage. 200 Seiten. 1961 (1171)
IV: Gesamtbeschäftigung, Konjunkturen, Wachstum. 2. Auflage. 172 Seiten. 1961. (1172)

Allgemeine Volkswirtschaftspolitik von *H Ohm*. 2 Bände.
I Systematisch-theoretische Grundlegung. In Vorbereitung. (1195)

Finanzwissenschaft von *H Kolms*. 4 Bände.
I: Grundlegung, Öffentliche Ausgaben. 160 Seiten. 1959. (148)
II: Erwerbseinkünfte, Gebühren und Beiträge; Allgemeine Steuerlehre. 148 Seiten. 1960 (391)
III: Besondere Steuerlehre. In Vorbereitung (776)
IV: Öffentlicher Kredit. Haushaltswesen. Finanzausgleich. In Vorbereitung. (782)

Finanzmathematik von *M Nicolas*. 192 Seiten, 11 Tafeln, 8 Tabellen und 72 Beispiele. 1959. (1183/1183 a)

Industrie- und Betriebssoziologie von *R. Dahrendorf*. 2. Auflage. 120 Seiten. In Vorbereitung (103)

Wirtschaftssoziologie von *F Fürstenberg*. 122 Seiten. 1961. (1193)

Psychologie des Berufs- und Wirtschaftslebens von *W. Moede †*. 190 Seiten, 48 Abbildungen. 1958. (851/851 a)

Allgemeine Methodenlehre der Statistik von *J Pfanzagl*. 2 Bände.
I: Elementare Methoden unter besonderer Berücksichtigung der Anwendungen in den Wirtschafts- und Sozialwissenschaften. 205 Seiten, 35 Abbildungen. 1960. (746/746 a)
II: Höhere Methoden unter besonderer Berücksichtigung der Anwendungen in Naturwissenschaft, Medizin und Technik. 295 Seiten. 1961 (747/747 a)

Zeitungslehre von *E. Dovifat*. 2 Bände. 3., neubearbeitete Auflage.
I: Theoretische und rechtliche Grundlagen — Nachricht und Meinung — Sprache und Form. 148 Seiten. 1955. (1039)
II: Redaktion – Die Sparten: Verlag und Vertrieb, Wirtschaft und Technik, Sicherung der öffentlichen Aufgabe. 158 Seiten. 1955. (1040)

Naturwissenschaften

Mathematik

Geschichte der Mathematik von *J. E. Hofmann.* 3 Bände.
I: Von den Anfängen bis zum Auftreten von Fermat und Descartes. 200 Seiten. 1953. (226)
II: Von Fermat und Descartes bis zur Erfindung des Calculus und bis zum Ausbau der neuen Methoden. 109 Seiten. 1957. (875)
III: Von den Auseinandersetzungen um den Calculus bis zur französischen Revolution. 107 Seiten. 1957. (882)

Mathematische Formelsammlung von *F. O. Ringleb.* 7., erweiterte Auflage. 320 Seiten, 40 Figuren. 1960. (51/51a)

Vierstellige Tafeln und Gegentafeln für logarithmisches und trigonometrisches Rechnen in zwei Farben zusammengestellt von *H. Schubert* und *R. Haussner.* 3., neubearbeitete Auflage von *J. Erlebach.* 158 Seiten. 1960. (81)

Fünfstellige Logarithmen von *A. Adler.* Mit mehreren graphischen Rechentafeln und häufig vorkommenden Zahlenwerten. 3. Auflage. 127 Seiten, 1 Tafel. 1959. (423)

Arithmetik von *P. B. Fischer †.* 3. Auflage von *H. Rohrbach.* 152 Seiten, 19 Abbildungen. 1958. (47)

Höhere Algebra von *H. Hasse.* 2 Bände. 4., durchgesehene Auflage.
I: Lineare Gleichungen. 152 Seiten. 1957. (931)
II: Gleichungen höheren Grades. 158 Seiten, 5 Figuren. 1958. (932)

Aufgabensammlung zur höheren Algebra von *H. Hasse* und *W. Klobe.* 3., verbesserte und vermehrte Auflage. 181 Seiten. 1961. (1082)

Elementare und klassische Algebra vom modernen Standpunkt von *W. Krull.* 2 Bände.
I: 2., erweiterte Auflage. 136 Seiten. 1952. (930)
II: 132 Seiten. 1959. (933)

Algebraische Kurven und Flächen von *W. Burau.* 28 Figuren. 1961. In Vorbereitung. (435)

Einführung in die Zahlentheorie von *A. Scholz †.* Überarbeitet und herausgegeben von *B. Schoeneberg.* 3. Auflage. 128 Seiten. 1961. (1131)

Formale Logik von *P. Lorenzen.* 165 Seiten. 1958. (1176/1176a)

Topologie von *W. Franz.* 2 Bände.
I: Allgemeine Topologie. 144 Seiten, 9 Figuren. 1960. (1181)

Elemente der Funktionentheorie von *K. Knopp †.* 5. Auflage. 144 Seiten, 23 Fig. 1959. (1109)

Funktionentheorie von *K. Knopp †.* 2 Bände.
I: Grundlagen der allgemeinen Theorie der analytischen Funktionen. 10., neubearbeitete Auflage. 144 Seiten, 8 Figuren. 1961. (668/668a)
II: Anwendungen und Weiterführung der allgemeinen Theorie. 8./9. Auflage. 130 Seiten, 7 Figuren. 1955. (703)

Aufgabensammlung zur Funktionentheorie von *K. Knopp †.* 2 Bände.
I: Aufgaben zur elementaren Funktionentheorie. 6. Auflage. 135 Seiten. In Vorbereitung. (877)
II: Aufgaben zur höheren Funktionentheorie. 5. Auflage. 151 Seiten. 1959. (878)

Differential- und Integralrechnung von *M. Barner*. (Früher *Witting*). 4 Bände.
I: Grenzwertbegriff, Differentialrechnung. 176 Seiten. 1961. (86/86a)

Gewöhnliche Differentialgleichungen von *G. Hoheisel*. 6., neubearbeitete und erweiterte Auflage. 128 Seiten. 1960. (920)

Partielle Differentialgleichungen von *G. Hoheisel*. 4., durchgesehene Auflage. 128 Seiten. 1960. (1003)

Aufgabensammlung zu den gewöhnlichen und partiellen Differentialgleichungen von *G. Hoheisel*. 4., durchgesehene und verbesserte Auflage. 124 Seiten. 1958. (1059)

Integralgleichungen von *G. Hoheisel*. 2., durchgesehene Auflage. 1961. In Vorbereitung. (1099)

Mengenlehre von *E. Kamke*. 3., neubearbeitete Auflage. 194 Seiten, 6 Figuren. In Vorbereitung. (999/999a)

Gruppentheorie von *L. Baumgartner*. 3., neubearbeitete Auflage. 110 Seiten, 3 Tafeln. 1958. (837)

Ebene und sphärische Trigonometrie von *G. Hessenberg* †. 5. Auflage, durchgesehen von *H. Kneser*. 172 Seiten, 60 Figuren. 1957. (99)

Darstellende Geometrie von *W. Haack*. 3 Bände.
I: Die wichtigsten Darstellungsmethoden. Grund- und Aufriß ebenflächiger Körper. 3., durchgesehene und ergänzte Auflage. 113 Seiten, 120 Abbildungen. 1960. (142)
II: Körper mit krummen Begrenzungsflächen. Kotierte Projektionen. 2., durchgesehene und ergänzte Auflage. 129 Seiten, 86 Abbildungen. 1959. (143)
III: Axonometrie und Perspektive. 2. Auflage. 127 Seiten, 100 Abbildungen. In Vorbereitung. (144)

Analytische Geometrie von *K. P. Grotemeyer*. 2. Auflage. 202 Seiten, 73 Abbildungen. 1961. (65/65a)

Nichteuklidische Geometrie. Hyperbolische Geometrie der Ebene von *R. Baldus* †. Durchgesehen und herausgegeben von *F. Löbell*. 3., verbesserte Auflage. 140 Seiten, 70 Figuren. 1953. (970)

Differentialgeometrie von *K. Strubecker* (früher *Rothe*). 3 Bände.
I: Kurventheorie der Ebene und des Raumes. 150 Seiten, 18 Figuren. 1955. (1113/1113a)
II: Theorie der Flächenmetrik. 195 Seiten, 14 Figuren. 1958. (1179/1179a)
III: Theorie der Flächenkrümmung. 254 Seiten, 38 Figuren. 1959. (1180/1180a)

Variationsrechnung von *L. Koschmieder*. 2 Bände. 2., neubearbeitete Auflage.
I: Das freie und gebundene Extrem einfacher Grundintegrale. 128 Seiten. 23 Figuren. 1961. (1074)

Einführung in die konforme Abbildung von *L. Bieberbach*. 5., erweiterte Auflage. 180 Seiten, 42 Figuren. 1956. (768/768a)

Vektoren und Matrizen von *S. Valentiner*. 2. Auflage. (9., erweiterte Auflage der „Vektoranalysis"). Mit Anhang: Aufgaben zur Vektorrechnung von *H. König*. 202 Seiten, 35 Figuren. 1960. (354/354a)

Versicherungsmathematik von *F. Böhm*. 2 Bände.
I: Elemente der Versicherungsrechnung. 3., vermehrte und verbesserte Auflage. Durchgesehener Neudruck. 151 Seiten. 1953. (180)
II: Lebensversicherungsmathematik. Einführung in die technischen Grundlagen der Sozialversicherung. 2., verbesserte und vermehrte Auflage. 205 Seiten. 1953. (917/917a)

Finanzmathematik von *M. Nicolas*. 192 Seiten, 11 Tafeln, 8 Tabellen und 72 Beispiele. 1959. (1183/1183a)

Physik

Einführung in die theoretische Physik von *W. Döring*. 5 Bände.
I: Mechanik. 2., verbesserte Auflage. 123 Seiten, 25 Abbildungen. 1960. (76)
II: Das elektromagnetische Feld. 2., verbesserte Auflage. 1961. In Vorbereitung. (77)
III: Optik. 117 Seiten, 32 Abbildungen. 1956. (78)
IV: Thermodynamik. 107 Seiten, 9 Abbildungen. 1956. (374)
V: Statistische Mechanik. 114 Seiten, 12 Abbildungen. 1957. (1017)

Mechanik deformierbarer Körper von *M. Päsler*. 199 Seiten, 48 Abbildungen. 1960. (1189/1189a)

Atomphysik von *K. Bechert* und *Ch. Gerthsen †*. 7 Bände.
I: Allgemeine Grundlagen. 1. Teil. 4., durchgesehene Auflage von *A. Flammersfeld*. 124 Seiten, 35 Abbildungen. 1959. (1009)
II: Allgemeine Grundlagen. 2. Teil. 4. Auflage. 1961. In Vorber. (1033)
III: Theorie des Atombaus. 1. Teil. 4., umgearbeitete Auflage. 148 Seiten, 16 Abbildungen. 1961. In Vorbereitung (1123/1123a)
IV: Theorie des Atombaus. 2. Teil. 3., umgearbeitete Auflage. 170 Seiten, 14 Abbildungen. 1954. (1165/1165a)

Differentialgleichungen der Physik von *F. Sauter*. 3., durchgesehene und ergänzte Auflage. 148 Seiten, 16 Figuren. 1958. (1070)

Physikalische Formelsammlung von *G. Mahler †*. Neubearbeitet von *K. Mahler*. 10., durchgesehene Auflage. 153 Seiten, 69 Figuren. 1959. (136)

Physikalische Aufgabensammlung von *G. Mahler †*. Neu bearbeitet von *K. Mahler*. Mit den Ergebnissen. 11. Auflage. 127 Seiten. 1961. (243)

Chemie

Geschichte der Chemie in kurzgefaßter Darstellung von *G. Lockemann*. 2 Bände.
I: Vom Altertum bis zur Entdeckung des Sauerstoffs. 142 Seiten, 8 Bildnisse. 1950. (264)
II: Von der Entdeckung des Sauerstoffs bis zur Gegenwart. 151 Seiten, 16 Bildnisse. 1955. (265/265a)

Anorganische Chemie von *W. Klemm*. 11. Auflage. 185 Seiten, 18 Abbildungen. 1960. (37)

Organische Chemie von *W. Schlenk*. 8., erweiterte Auflage. 272 Seiten, 16 Abbildungen. 1960. (38/38a)

Physikalische Methoden der Organischen Chemie von *G. Kresze*. 1961. In Vorbereitung. (44/44a)

Allgemeine und physikalische Chemie von *W. Schulze*. 2 Bände.
I: 5., durchgesehene Auflage. 139 Seiten, 10 Figuren. 1960. (71)
II: 5., verbesserte Auflage. 178 Seiten, 37 Figuren. 1961. (698/698a)

Versuche zur allgemeinen und physikalischen Chemie von *E. Dehn*. 1961. In Vorbereitung. (1201)

Molekülbau. Theoretische Grundlagen und Methoden der Strukturermittlung von *W. Schulze*. 123 Seiten, 43 Figuren. 1958. (786)

Physikalisch-chemische Rechenaufgaben von *E. Asmus*. 3., verbesserte Auflage. 96 Seiten. 1958. (445)

Maßanalyse. Theorie und Praxis der klassischen und der elektrochemischen Titrierverfahren von *G. Jander* und *K. F. Jahr*. 9., durchgesehene Auflage. 313 Seiten, 49 Figuren. 1961. (221/221a)

Qualitative Analyse von *H. Hofmann* u. *G. Jander*. 308 Seiten, 5 Abbildungen. 1960. (247/247 a)

Thermochemie von *W. A. Roth †*. 2., verbesserte Auflage. 109 Seiten, 16 Figuren. 1952. (1057)

Stöchiometrische Aufgabensammlung von *W. Bahrdt †* und *R. Scheer*. Mit den Ergebnissen. 7., durchgesehene Auflage. 119 Seiten. 1960. (452)

Elektrochemie und ihre physikalisch-chemischen Grundlagen von *A. Dassler*. 2 Bände.
II: 178 Seiten, 17 Abbildungen. 1950. (253)

Technologie

Die Chemie der Kunststoffe von *K. Hamann*, unter Mitarbeit von *W. Funke* und *H. D. Hermann*. 143 Seiten. 1960. (1173)

Warenkunde von *K. Hassak* und *E. Beutel †*. 2 Bände.
I: Anorganische Waren sowie Kohle und Erdöl. 8. Auflage. Neubearbeitet von *A. Kutzelnigg*. 119 Seiten, 18 Figuren. 1958. (222)
II: Organische Waren. 8. Auflage. Vollständig neubearbeitet von *A. Kutzelnigg*. 157 Seiten, 32 Figuren. 1959. (223)

Die Fette und Öle von *Th. Klug*. 6. Auflage. 143 Seiten. 1961. (335)

Die Seifenfabrikation von *K. Braun †*. 3., neubearbeitete und verbesserte Auflage von *Th. Klug*. 116 Seiten, 18 Abbildungen. 1953. (336)

Textilindustrie von *A. Blümcke*.
I: Spinnerei und Zwirnerei. 111 Seiten, 43 Abbildungen. 1954. (184)

Biologie

Einführung in die allgemeine Biologie und ihre philosophischen Grund- und Grenzfragen von *M. Hartmann*. 132 Seiten, 2 Abbildungen. 1956. (96)

Hormone von *G. Koller*. 2., neubearbeitete und erweiterte Auflage. 187 Seiten, 60 Abbildungen, 19 Tabellen. 1949. (1141)

Fortpflanzung im Tier- und Pflanzenreich von *J. Hämmerling*. 2., ergänzte Auflage. 135 Seiten, 101 Abbildungen. 1951. (1138)

Geschlecht und Geschlechtsbestimmung im Tier- und Pflanzenreich von *M. Hartmann*. 2., verbesserte Auflage. 116 Seiten, 61 Abbildungen, 7 Tabellen. 1951. (1127)

Symbiose der Tiere mit pflanzlichen Mikroorganismen von *P. Buchner*. 2., verbesserte und vermehrte Auflage. 130 Seiten, 121 Abbildungen. 1949. (1128)

Grundriß der Allgemeinen Mikrobiologie von *W.* u. *A. Schwartz*. 2 Bände. 2., verbesserte und ergänzte Auflage.
I: 147 Seiten, 25 Abbildungen. 1960. (1155)
II: 142 Seiten, 29 Abbildungen. 1961. (1157)

Botanik

Entwicklungsgeschichte des Pflanzenreiches von *H. Heil*. 2. Auflage. 138 Seiten, 94 Abbildungen, 1 Tabelle. 1950. (1137)

Morphologie der Pflanzen von *L. Geitler*. 3., umgearbeitete Auflage. 126 Seiten, 114 Abbildungen. 1953. (141)

Pflanzengeographie von *L. Diels †*. 5., völlig neubearbeitete Auflage von *F. Mattick*. 195 Seiten, 2 Karten. 1958. (389/389a)

Die Laubhölzer. Kurzgefaßte Beschreibung der in Mitteleuropa gedeihenden Laubbäume und Sträucher von *F. W. Neger †* und *E. Münch †*. 3., durchgesehene Auflage, herausgegeben von *B. Huber*. 143 Seiten, 63 Figuren, 7 Tabellen. 1950. (718)

Die Nadelhölzer (Koniferen) und übrigen Gymnospermen von *F. W. Neger †* und *E. Münch †*. 4. Auflage, durchgesehen und ergänzt von *B. Huber*. 140 Seiten. 75 Figuren, 4 Tabellen, 3 Karten. 1952. (355)

Pflanzenzüchtung von *H. Kuckuck*. 2 Bände.

I: Grundzüge der Pflanzenzüchtung. 3., völlig umgearbeitete und erweiterte Auflage. 132 Seiten, 22 Abbildungen. 1952. (1134)

II: Spezielle gartenbauliche Pflanzenzüchtung (Züchtung von Gemüse, Obst und Blumen). 178 Seiten, 27 Abbildungen. 1957. (1178/1178a)

Zoologie

Entwicklungsphysiologie der Tiere von *F. Seidel*. 2 Bände.

I: Ei und Furchung. 126 Seiten, 29 Abbildungen. 1953. (1162)

II: Körpergrundgestalt und Organbildung. 159 Seiten, 42 Abbildungen. 1953. (1163)

Das Tierreich

I: Einzeller, Protozoen von *E. Reichenow*. 115 Seiten, 59 Abbildungen. 1956. (444)

II: Schwämme und Hohltiere von *H. J. Hannemann*. 95 Seiten, 80 Abbildungen. 1956. (442)

III: Würmer. Platt-, Hohl-, Schnurwürmer, Kamptozoen, Ringelwürmer, Protracheaten, Bärtierchen, Zungenwürmer von *S. Jaeckel*. 114 Seiten, 36 Abbildungen. 1955. (439)

IV, 1: Krebse von *H. E. Gruner* und *K. Deckert*. 114 Seiten, 43 Abbildungen. 1956. (443)

IV, 2: Spinnentiere (Trilobitomorphen, Fühlerlose) und Tausendfüßler von *A. Kaestner*. 96 Seiten, 55 Abbildungen. 1955. (1161)

IV, 3: Insekten von *H. von Lengerken*. 128 Seiten, 58 Abbildungen. 1953. (594)

V: Weichtiere. Urmollusken, Schnecken, Muscheln und Kopffüßer von *S. Jaeckel*. 92 Seiten, 34 Abbildungen. 1954. (440)

VI: Stachelhäuter. Tentakulaten, Binnenatmer und Pfeilwürmer von *S. Jaeckel*. 100 Seiten, 46 Abbildungen. 1955. (441)

VII, 1: Manteltiere, Schädellose, Rundmäuler von *Th. Haltenorth*. In Vorbereitung. (448)

VII, 2: Fische von *D. Lüdemann*. 130 Seiten, 65 Abbildungen. 1955. (356)

VII, 3: Lurche (Chordatiere) von *K. Herter*. 143 Seiten, 129 Abbildungen. 1955. (847)

VII, 4: Kriechtiere (Chordatiere) von *K. Herter*. 200 Seiten, 142 Abbildungen. 1960. (447/447a)

VII, 5: Vögel (Chordatiere) von *H.-A. Freye*. 156 Seiten, 69 Figuren. 1960. (869)

VII, 6: Säugetiere (Chordatiere) von *Th. Haltenorth*. In Vorbereitung. (282)

Land- und Forstwirtschaft

Landwirtschaftliche Tierzucht. Die Züchtung und Haltung der landwirtschaftlichen Nutztiere von *H. Vogel*. 139 Seiten, 11 Abbildungen. 1952. (228)

Kulturtechnische Bodenverbesserungen von *O. Fauser*. 2 Bände. 5., verbesserte und vermehrte Auflage.
I: Allgemeines, Entwässerung. 127 Seiten, 49 Abbildungen. 1959. (691)
II: Bewässerung, Ödlandkultur, Flurbereinigung. 159 Seiten, 71 Abbildungen. 1961. (692)

Agrikulturchemie von *K. Scharrer*. 2 Bände.
I: Pflanzenernährung. 143 Seiten. 1953. (329)
II: Futtermittelkunde. 192 Seiten. 1956. (330/330a)

Geologie, Mineralogie, Kristallographie

Geologie von *F. Lotze*. 2., verbesserte Auflage. 178 Seiten, 80 Abbildungen. 1951. (13)

Mineral- und Erzlagerstättenkunde von *H. Huttenlocher †*. 2 Bände.
I: 2. Auflage. 128 Seiten, 34 Abbildungen. In Vorbereitung. (1014)
II: 156 Seiten, 48 Abbildungen. 1954. (1015/1015a)

Allgemeine Mineralogie. 10., erweiterte Auflage der „Mineralogie" von *R. Brauns †*, bearbeitet von *K. F. Chudoba*. 120 Seiten, 120 Figuren, 1 Tafel, 3 Tabellen. 1958. (29)

Spezielle Mineralogie. 10., erweiterte Auflage der „Mineralogie" von *R. Brauns †*, bearbeitet von *K. F. Chudoba*. 170 Seiten, 125 Figuren, 4 Tabellen. 1959. (31/31a)

Petrographie (Gesteinskunde) von *W. Bruhns †*. Neubearbeitet von *P. Ramdohr*. 5., erweiterte Auflage. 141 Seiten, 10 Figuren. 1960. (173)

Kristallographie von *W. Bruhns †*. 5. Auflage, neubearbeitet von *P. Ramdohr*. 109 Seiten, 164 Abbildungen. 1958. (210)

Einführung in die Kristalloptik von *E. Buchwald*. 4., verbesserte Auflage. 138 Seiten, 121 Figuren. 1952. (619)

Lötrohrprobierkunde. Mineraldiagnose mit Lötrohr- und Tüpfelreaktion. Von *M. Henglein*. 4., verbesserte Auflage. 91 Seiten, 11 Figuren. 1961. (483)

Technik

Graphische Darstellung in Wissenschaft und Technik von *M. Pirani*. 3., erweiterte Auflage bearbeitet von *J. Fischer* unter Benutzung der von *I. Runge* besorgten 2. Auflage. 216 Seiten, 104 Abbildungen. 1957. (728/728a)

Technische Tabellen und Formeln von *W. Müller*. 5., verbesserte und erweiterte Auflage von *E. Schulze*. 1961. In Vorbereitung. (579)

Grundlagen der Straßenverkehrstechnik von *E. Engel*. 1961. In Vorbereitung. (1198)

Elektrotechnik

Grundlagen der allgemeinen Elektrotechnik von *O. Mohr*. 2., durchgesehene Auflage. 260 Seiten, 136 Bilder, 14 Tafeln. 1961. (196/196a)

Die Gleichstrommaschine von *K. Humburg*. 2 Bände. 2., durchgesehene Auflage.
I: 102 Seiten, 59 Abbildungen. 1956. (257)
II: 101 Seiten, 38 Abbildungen. 1956. (881)

Die Synchronmaschine von *W. Putz*. 109 Seiten, 78 Abbildungen. 1961. (1146)

Induktionsmaschinen von *F. Unger*. 2., erweiterte Auflage. 142 Seiten, 49 Abbildungen. 1954. (1140)

Die komplexe Berechnung von Wechselstromschaltungen von *H. H. Meinke*. 2. Auflage. 180 Seiten, 120 Abbildungen. 1957. (1156/1156a)

Theoretische Grundlagen zur Berechnung der Schaltgeräte von *F. Kesselring*. 3. Auflage. 144 Seiten, 92 Abbildungen. 1950. (711)

Einführung in die Technik selbsttätiger Regelungen von *W. zur Megede*. 2., durchgesehene Auflage. 180 Seiten, 86 Abbildungen. 1961. (714/714a)

Elektromotorische Antriebe (Grundlagen für die Berechnung) von *A. Schwaiger*. 3., neubearbeitete Auflage. 96 Seiten, 34 Abbildungen. 1952. (827)

Überspannungen und Überspannungsschutz von *G. Frühauf*. Durchgesehener Neudruck. 122 Seiten, 98 Abbildungen. 1950. (1132)

Maschinenbau

Metallkunde von *H. Borchers*. 2 Bände.
I: Aufbau der Metalle und Legierungen. 5. Auflage. 120 Seiten, 90 Abbildungen, 2 Tabellen. In Vorbereitung. (432)
II: Eigenschaften, Grundzüge der Form- und Zustandsgebung. 3. und 4. Auflage. 179 Seiten, 107 Abbildungen, 10 Tabellen. 1959. (433/433a)

Die Werkstoffe des Maschinenbaues von *A. Thum †* und *C. M. v. Meysenbug*. 2 Bände.
I: Einführung in die Werkstoffprüfung. 2., neubearbeitete Auflage. 100 Seiten, 7 Tabellen, 56 Abbildungen. 1956. (476)
II: Die Konstruktionswerkstoffe. 132 Seiten, 40 Abbildungen. 1959. (936)

Dynamik von *W. Müller*. 2 Bände. 2., verbesserte Auflage.
I: Dynamik des Einzelkörpers. 128 Seiten, 48 Figuren. 1952. (902)
II: Systeme von starren Körpern. 102 Seiten, 41 Figuren. 1952. (903)

Technische Schwingungslehre von *L. Zipperer*. 2 Bände. 2., neubearbeitete Auflage.
I: Allgemeine Schwingungsgleichungen, einfache Schwinger. 120 Seiten, 101 Abbildungen. 1953. (953)
II: Torsionsschwingungen in Maschinenanlagen. 102 Seiten, 59 Abbildungen. 1955. (961/961a)

Werkzeugmaschinen für Metallbearbeitung von *K. P. Matthes*. 2 Bände.
I: 100 Seiten, 27 Abbildungen, 11 Zahlentafeln, 1 Tafelanhang. 1954. (561)
II: Fertigungstechnische Grundlagen der neuzeitlichen Metallbearbeitung. 101 Seiten, 30 Abbildungen, 5 Tafeln. 1955. (562)

Transformatoren von *W. Schäfer*. 3., überarbeitete und ergänzte Auflage. 130 Seiten, 73 Abbildungen. 1957. (952)

Das Maschinenzeichnen mit Einführung in das Konstruieren von *W. Tochtermann*. 2 Bände. 4. Auflage.
I: Das Maschinenzeichnen. 156 Seiten, 75 Tafeln. 1950. (589)
II: Ausgeführte Konstruktionsbeispiele. 130 Seiten, 58 Tafeln. 1950. (590)

Die Maschinenelemente von *E. A. vom Ende*. 4., verbesserte Auflage. 166 Seiten. 175 Figuren, 9 Tafeln. In Vorbereitung. (3/3a)

Die Maschinen der Eisenhüttenwerke von *L. Engel.* 156 Seiten, 95 Abbildungen. 1957. (583/583a)

Walzwerke von *H. Sedlaczek †* unter Mitarbeit von *F. Fischer* und *M. Buch.* 232 Seiten, 157 Abbildungen. 1958. (580/580a)

Getriebelehre von *P. Grodzinski †.* 2 Bände.
I: Geometrische Grundlagen. 3., neubearbeitete Auflage von *G. Lechner.* 164 Seiten, 131 Figuren. 1960. (1061)

Gießereitechnik von *H. Jungbluth.* 2 Bände.
I: Eisengießerei. 126 Seiten, 44 Abbildungen. 1951. (1159)

Die Dampfturbinen. Ihre Wirkungsweise, Berechnung und Konstruktion von *C. Zietemann.* 3 Bände. 3., verbesserte Auflage.
I: Theorie der Dampfturbinen. 139 Seiten, 48 Abbildungen. 1955. (274)
II: Die Berechnung der Dampfturbinen und die Konstruktion der Einzelteile. 132 Seiten, 111 Abbildungen. 1956. (715)
III: Die Regelung der Dampfturbinen, die Bauarten, Turbinen für Sonderzwecke, Kondensationsanlagen. 126 Seiten, 90 Abbildungen. 1956. (716)

Verbrennungsmotoren von *W. Endres.* 3 Bände.
I: Überblick. Motor-Brennstoffe. Verbrennung im Motor allgemein, im Otto- und Diesel-Motor. 153 Seiten, 57 Abbildungen. 1958. (1076/1076a)
II: Die heutigen Typen der Verbrennungskraftmaschine. In Vorbereitung. (1184)
III: Die Einzelteile des Verbrennungsmotors. In Vorbereitung. (1185)

Autogenes Schweißen und Schneiden von *H. Niese.* 5. Auflage, neubearbeitet von *A. Küchler.* 136 Seiten, 71 Figuren. 1953. (499)

Die elektrischen Schweißverfahren von *H. Niese.* 2. Auflage, neubearbeitet von *H. Dienst.* 136 Seiten, 58 Abbildungen. 1955. (1020)

Die Hebezeuge. Entwurf von Winden und Kranen von *G. Tafel.* 2., verbesserte Auflage. 176 Seiten, 230 Figuren. 1954. (414/414a)

Wasserbau

Wasserkraftanlagen von *A. Ludin* unter Mitarbeit von *W. Borkenstein.* 2 Bände.
I: Planung, Grundlagen und Grundzüge. 124 Seiten, 60 Abbildungen. 1955. (665)
II: Anordnung und Ausbildung der Hauptbauwerke. 184 Seiten, 91 Abbildungen. 1958. (666/666a)

Verkehrswasserbau von *H. Dehnert.* 3 Bände.
I: Entwurfsgrundlagen, Flußregelungen. 103 Seiten, 52 Abbildungen. 1950. (585)
II: Flußkanalisierung und Schiffahrtskanäle. 94 Seiten, 60 Abbildungen. 1950. (597)
III: Schleusen und Hebewerke. 98 Seiten, 70 Abbildungen. 1950. (1152)

Wehr- und Stauanlagen von *H. Dehnert.* 134 Seiten, 90 Abbildungen. 1952. (965)

Talsperren von *F. Tölke.* 122 Seiten, 70 Abbildungen. 1953. (1044)

Hoch- und Tiefbau

Die wichtigsten Baustoffe des Hoch- und Tiefbaus von *O. Graf †*. 4., verbesserte Auflage. 131 Seiten, 63 Abbildungen. 1953. (984)

Baustoffverarbeitung und Baustellenprüfung des Betons von *A. Kleinlogel*. 2., neubearbeitete und erweiterte Auflage. 126 Seiten, 35 Abbildungen. 1951. (978)

Festigkeitslehre. 2 Bände.
I: Elastizität, Plastizität und Festigkeit der Baustoffe und Bauteile von *W. Gehler †* und *W. Herberg*. Durchgesehener und erweiterter Neudruck. 159 Seiten, 118 Abbildungen. 1952. (1144)
II: Formänderung, Platten, Stabilität und Bruchhypothesen von *W. Herberg* und *N. Dimitrov*. 187 Seiten, 94 Abbildungen. 1955. (1145/1145a)

Grundlagen des Stahlbetonbaus von *A. Troche*. 2., neubearbeitete und erweiterte Auflage. 208 Seiten, 75 Abbildungen, 17 Bemessungstafeln, 20 Rechenbeispiele. 1953. (1078)

Statik der Baukonstruktionen von *A. Teichmann*. 3 Bände.
I: Grundlagen. 101 Seiten, 51 Abbildungen, 8 Formeltafeln. 1956. (119)
II: Statisch bestimmte Stabwerke. 107 Seiten, 52 Abbildungen, 7 Tafeln. 1957. (120)
III: Statisch unbestimmte Systeme. 112 Seiten, 34 Abbildungen, 7 Formeltafeln. 1958. (122)

Fenster, Türen, Tore aus Holz und Metall. Eine Anleitung zu ihrer guten Gestaltung, wirtschaftlichen Bemessung und handwerksgerechten Konstruktion von *W. Wickop †*. 4., überarbeitete und ergänzte Auflage. 155 Seiten, 95 Abbildungen. 1955. (1092)

Heizung und Lüftung von *W. Körting*. 2 Bände. 9., neubearbeitete Auflage.
I: Das Wesen und die Berechnung der Heizungs- und Lüftungsanlagen. 1961. In Vorbereitung. (342)
II: Die Ausführung der Heizungs- und Lüftungsanlagen. 1961. In Vorbereitung. (343)

Industrielle Kraft- und Wärmewirtschaft von *F. A. F. Schmidt* und *A. Beckers*. 167 Seiten, 73 Abbildungen. 1957. (318/318a)

Vermessungswesen

Vermessungskunde von *P. Werkmeister*. 3 Bände.
I: Stückvermessung und Nivellieren. 11., völlig neubearbeitete Auflage von *W. Grossmann*. 143 Seiten, 117 Figuren. In Vorbereitung. (468)
II: Horizontalaufnahmen und ebene Rechnungen. 8., völlig neubearbeitete Auflage von *W. Grossmann*. 133 Seiten, 97 Figuren. 1959. (469)
III: Trigonometrische und barometrische Höhenmessung. Tachymetrie und Absteckungen. 7., völlig neubearbeitete Auflage von *W. Grossmann*. 136 Seiten, 97 Figuren. 1960. (862)

Photogrammetrie von *G. Lehmann*. 189 Seiten, 132 Abbildungen. 1959. (1188/1188a)

Sammlung Göschen / Bandnummernfolge

1 Langosch, Der Nibelunge Nôt
3/3a v. Ende, Maschinenelemente
10 Jiriczek-Wisniewski, Kudrun- und Dietrich-Epen
13 Lotze, Geologie
18 Maurer, Hartmann von Aue. Der arme Heinrich
19 Altheim, Römische Geschichte I
20 Hofstaetter, Dt. Sprachlehre
22 Maurer, Gottfried von Strassburg
29 Brauns-Chudoba, Allg. Mineralog.
31/31a Brauns-Chudoba, Spez. Mineralogie
35 Treue, Dt. Geschichte von 1648 bis 1740
37 Klemm, Anorganische Chemie
38/38a Schlenk, Organische Chemie
39 Treue, Dt. Geschichte von 1713 bis 1806
42 Behn-Hoernes, Vorgesch. Europas
44/44a Kresze, Physikalische Methoden der organischen Chemie
47 Fischer-Rohrbach, Arithmetik
51/51a Ringleb, Mathem. Formelslg.
52 Bieler, Röm. Literaturgesch. I
59 Krahe, Indog. Sprachwiss. I
60 Biehle, Stimmkunde
61 Biehle, Redetechnik
64 Krahe, Indog. Sprachwiss. II
65/65a Grotemeyer, Analyt. Geomet.
66 Bernecker-Vasmer, Russische Grammatik
70 Nestle-Liebich, Gesch. d. griech. Literatur I
71 Schulze, Allgemeine und physikalische Chemie I
76 Döring, Einf. i. d. th. Physik I
77 Döring, Einf. i. d. th. Physik II
78 Döring, Einf. i. d. th. Physik III
79/79a Hempel, Got. Elementarbuch
80 Weigert, Stilkunde I
81 Schubert-Haussner-Erlebach, Vierstell. Logarithmentafeln
86/86a Barner, Differential- u. Integralrechn. I
96 Hartmann, Einf. in die allgem. Biologie
99 Hessenberg-Kneser, Ebene und sphär. Trigonometrie
101 v. Wiese, Soziologie
103 Dahrendorf, Industrie- und Betriebssoziologie
104/104a Hofstätter, Sozialpsycholog.
111 Hoffmann-Debrunner, Gesch. der griechischen Sprache I
114 Debrunner, Gesch. der griechisch. Sprache II
117 Brandenstein, Griechische Sprachwissenschaft I
118/118a Brandenstein, Griechische Sprachwissenschaft II
119 Teichmann, Statik der Baukonstruktionen I
120 Teichmann, Statik der Baukonstruktionen II
122 Teichmann, Statik der Baukonstruktionen III
125 Vossler-Noyer-Weidner, Ital. Literaturgeschichte
128/128a Lausberg, Romanische Sprachwissenschaft I
136 Mahler, Physikal. Formelslg.
141 Geitler, Morphologie der Pflanzen
142 Haack, Darstellende Geometrie I
143 Haack, Darstellende Geometrie II
144 Haack, Darstellende Geometrie III
145 Weimer, Gesch. der Pädagogik
148 Kolms, Finanzwissenschaft I
156/156a Landmann, Philosophische Anthropologie
170 Oehlmann, Musik des 19. Jhs.
171/171a Oehlmann, Musik des 20. Jhs.
173 Bruhns-Ramdohr, Petrographie
180 Böhm, Versicherungsmathem. I
184 Blümcke, Textilindustrie I
196/196a Mohr, Grundlagen der Elektrotechnik
200/200a Gottschald, Dt. Rechtschreibungswörterbuch
210 Bruhns-Ramdohr, Kristallogr.
220/220a Moser, Allg. Musiklehre
221/221a Jander-Jahr, Maßanalyse
222 Hassak-Beutel-Kutzelnigg, Warenkunde I
223 Hassak-Beutel-Kutzelnigg, Warenkunde II
226 Hofmann, Gesch. d. Mathem. I
228 Vogel, Landw. Tierzucht
231/231a Ehrlich, Geschichte Israels
238 Krahe, German. Sprachwiss. I
243 Mahler, Physikal. Aufgabenslg.
247/247a Hofmann-Jander, Qualitative Analyse

970 Baldus-Löbell, Nichteuklidische Geometrie
978 Kleinlogel, Baustoffverarbeitung und Baustellenprüfung d. Betons
984 Graf, Baustoffe des Hoch- und Tiefbaues
999/999a Kamke, Mengenlehre
1000 Jaspers, Geistige Situat. der Zeit
1003 Hoheisel, Partielle Differentialgl.
1008/1008a Mellerowicz, Allgemeine Betriebswirtschaftslehre I
1009 Bechert-Gerthsen-Flammersfeld, Atomphysik I
1014 Huttenlocher, Mineral- und Erzlagerstättenkunde I
1015/1015a Huttenlocher, Mineral- u. Erzlagerstättenkunde II
1017 Döring, Einführung in die theoret. Physik V
1020 Niese-Dienst, Elektrische Schweißverfahren
1031/1031a Apel-Ludz, Philosophisches Wörterbuch
1033 Bechert-Gerthsen, Atomphys. II
1034 Kranefeldt-Jung, Therapeutische Psychologie
1035 Altheim, Röm. Religionsgeschichte I
1039 Dovifat, Zeitungslehre I
1040 Dovifat, Zeitungslehre II
1044 Tölke, Talsperren
1045 Schubert, Technik des Klavierspiels
1051/1051a Stolberg-Wernigerode, Gesch. d. Verein. Staaten von Amerika
1052 Altheim, Röm. Religionsgesch. II
1057 Roth, Thermochemie
1059 Hoheisel, Aufgabenslg. z. d. gew. u. part. Differentialgl.
1061 Grodzinski-Lechner, Getriebel. I
1065 Haller-Dannenbauer, Von den Karolingern zu den Staufern
1070 Sauter, Differentialgleichungen der Physik
1074 Koschmieder, Variationsrechnung I
1076/1076a Endres, Verbrennungsmotoren I
1077 Haller-Dannenbauer, Von den Staufern zu den Habsburgern
1078 Troche, Stahlbetonbau
1082 Hasse-Klobe, Aufgabensammlung zur höheren Algebra
1085 Lietzmann-Aland, Zeitrechnung
1086 Müller, Dt. Dichten u. Denken
1088 Preller, Gesch. Englands II
1092 Wickop, Fenster, Türen, Tore
1094 Hernried, System. Modulation
1096 Viëtor, Dt. Dichten und Denken
1099 Hoheisel, Integralgleichungen
1105 Hartung, Dt. Geschichte im Zeitalter der Reformation
1108 de Boor-Wisniewski, Mittelhochdeutsche Grammatik
1109 Knopp, Elemente der Funktionentheorie
1111 Betz, Althochdt. Elementarbuch
1113/1113a Strubecker, Differentialgeometrie I
1114 Schubel, Engl. Literaturgesch. I
1115 Ranke, Altnord. Elementarb.
1116 Schubel, Engl. Literaturgesch. II
1117 Haller-Dannenbauer, Eintritt der Germanen in die Geschichte
1121 Naumann, Dt. Dichten u. Denken
1122 Feist, Sprechen u. Sprachpflege
1123/1123a Bechert-Gerthsen, Atomphysik III
1124 Schubel, Engl. Literaturgesch. III
1125 Lehnert, Altengl. Elementarbuch
1127 Hartmann, Geschlecht und Geschlechtsbestimmung im Tier- und Pflanzenreich
1128 Buchner, Symbiose der Tiere mit pflanzl. Mikroorganismen
1130 Dibelius-Kümmel, Jesus
1131 Scholz-Schöneberg, Einführung in die Zahlentheorie
1132 Frühauf, Überspannungen und Überspannungsschutz
1134 Kuckuck, Pflanzenzüchtung I
1135 Lehnert, Beowulf
1137 Heil, Entwicklungsgeschichte des Pflanzenreiches
1138 Hämmerling, Fortpflanzung im Tier- und Pflanzenreich
1140 Unger, Induktionsmaschinen
1141 Koller, Hormone
1142 Meissner-Lehnert, Shakespeare
1144 Gehler-Herberg, Festigkeitslehre I
1145/1145a Herberg-Dimitrov, Festigkeitslehre II
1146 Putz, Synchronmaschine

1147 v. Waltershausen, Kunst des Dirigierens
1148 Pepping, Der polyphone Satz I
1152 Dehnert, Verkehrswasserbau III
1153/1153a Mellerowicz, Allgemeine Betriebswirtschaftslehre II
1154/1154a Mellerowicz, Allgemeine Betriebswirtschaftslehre III
1155 Schwartz, Mikrobiologie I
1156/1156a Meinke, Komplexe Berechn. v. Wechselstromschalt.
1157 Schwartz, Mikrobiologie II
1158 Mayrhofer, Sanskrit-Grammatik
1159 Jungbluth, Gießereitechnik I
1160 Dibelius-Kümmel, Paulus
1161 Kaestner, Spinnentiere
1162 Seidel, Entwicklungsphysiologie der Tiere I
1163 Seidel, Entwicklungsphysiologie der Tiere II
1164/1164a Pepping, Der polyphone Satz II
1165/1165a Bechert-Gerthsen, Atomphysik IV
1169 Paulsen, Allgemeine Volkswirtschaftslehre I
1170 Paulsen, Allgemeine Volkswirtschaftslehre II
1171 Paulsen, Allgemeine Volkswirtschaftslehre III
1172 Paulsen, Allgemeine Volkswirtschaftslehre IV
1173 Hamann-Funke-Hermann, Chemie der Kunststoffe
1176/1176a Lorenzen, Formale Logik
1178/1178a Kuckuck, Pflanzenzüchtung II
1179/1179a Strubecker, Differentialgeometrie II
1180/1180a Strubecker, Differentialgeometrie III
1181 Franz, Topologie I
1183/1183a Nicolas, Finanzmathematik
1184 Endres, Verbrennungsmot. II
1185 Endres, Verbrennungsmot. III
1186/1186a Mellerowicz, Allgemeine Betriebswirtschaftslehre IV
1187 Lau, Luther
1188/1188a Lehmann, Photogrammetrie
1189/1189a Päsler, Mechanik deformierbarer Körper
1190 Stupperich, Melanchthon
1191/1191a Bräuer, Slav. Sprachwissenschaft I
1193 Fürstenberg, Wirtschaftssoziologie
1194 Wendt, Gesch. d. Volkswirtschaftslehre
1195 Ohm, Allgem. Volkswirtschaftspolitik I
1197/1197a Onasch, Einf. in die Konfessionskunde der orthod. Kirchen
1198 Engel, Grundlagen der Straßenverkehrstechnik
1199 Lausberg, Romanische Sprachwissenschaft III
1200 Lausberg, Romanische Sprachwissenschaft IV
1201 Dehn, Versuche zur allgem. u. phys. Chemie
1202 Nagel, Gesch. des christl. Gottesdienstes

Autorenregister

FSC
www.fsc.org
MIX
Papier | Fördert
gute Waldnutzung
FSC® C083411

Kolibri 360 GmbH
Ferdinand-Jühlke-Straße 7
99095 Erfurt, Deutschland
produktsicherheit@kolibri360.de